MERIAN *live!*

KORSIKA

Timo Lutz ist erfahrener Online-Reisejournalist. Der gebürtige Schwabe bereist Korsika regelmäßig von seiner Wahlheimat, der Nachbarinsel Sardinien, aus.

 Familientipps   FotoTipp

 Barrierefreie Unterkünfte   Ziele in der Umgebung

 Umweltbewusst Reisen   Faltkarte

Preise für ein Doppelzimmer mit Frühstück:

€€€€ ab 200 €   €€€ ab 120 €
€€ ab 80 €   € bis 80 €

Preise für ein dreigängiges Menü ohne Getränke:

€€€€ ab 60 €   €€€ ab 35 €
€€ ab 20 €   € bis 20 €

INHALT

Willkommen auf Korsika	4

MERIAN TopTen
Höhepunkte, die Sie sich nicht entgehen lassen sollten   6

MERIAN TopTen 360°
Hier finden Sie sich schnell zurecht   8

MERIAN Tipps
Tipps, die Ihnen unbekannte Seiten der Insel zeigen ...   14

Zu Gast auf Korsika	18

Übernachten	20
Essen und Trinken	22
Einkaufen	24
Sport & Strände	26
Familientipps	30

◂ Perlen im türkisblauen Mittelmeer: die einsamen Inseln des Sanguinaires-Archipels (▶ MERIAN TopTen, S. 53).

Unterwegs auf Korsika — 34

Der Süden rund um Bonifacio und Porto-Vecchio	36
Ajaccio und der Westen	48
Corte und die Ostküste	62
Bastia und das Cap Corse	74
Calvi und die Balagne	84

Bastia und das Cap Corse
Calvi und die Balagne
Corte und die Ostküste
Ajaccio und der Westen
Der Süden rund um Bonifacio und Porto-Vecchio

Touren und Ausflüge — 102

Von der Ostküste in die Berge – Rundtour durch die Wälder der Castagniccia	104
Die Nordspitze erkunden – Tagesausflug rund um das wilde Cap Corse	106
Über den Col de Bavella bis Solenzara – Panoramatour ins Hochgebirge	108
Durch Korsikas Südwesten – zu den Relikten der Megalithkultur	110

Wissenswertes über Korsika — 112

Auf einen Blick	114
Geschichte	116
Reisepraktisches von A–Z	118
Orts- und Sachregister	124
Impressum	128

Karten und Pläne

Korsika	Klappe vorne
Ajaccio	Klappe hinten
Bonifacio	38
Sartène	58
Corte	65
Bastia	77
Calvi	87
EXTRA-KARTE ZUM HERAUSNEHMEN	**Klappe hinten**

Willkommen auf Korsika

»Insel der Schönheit«, »Gebirge im Meer« oder einfach nur »die Schönste« – Korsika hat viele Beinamen. Machen Sie sich Ihr eigenes Bild von der Insel der Superlative!

Schlicht atemberaubend ist der Anblick der Steilküste, wenn man die korsische Hafenstadt Bonifacio vom Süden aus auf dem Seeweg ansteuert. Hier, ganz im Süden der französischen Insel, wo das sonst so ruhige westliche Mittelmeer oft wild und nicht zu bändigen ist, ragen die weißen Kalk- und Sandsteinklippen wie eine gewaltige Wehranlage aus dem Meer. Nachdem der alte Fährkahn den engen Fjord der windumtosten Hafenstadt erreicht hat, kann unsere Reise über eine kontrastreiche Insel der Superlative beginnen. Vor uns liegen traumhafte weiße Sandstrände, hoch aufragende Gebirgslandschaften, wilde Täler und ursprüngliche ländliche Gebiete in einer Vielfalt, wie man sie im Mittelmeerraum wohl nur hier findet.

Insel der Gegensätze

So angenehm warm und entspannt die Insel sich im Sommer präsentiert, so rau kann der Winter mit seinen Sturmfluten, ergiebigen Regenfällen und Schneestürmen sein. Korsika ist eine Insel der Gegensätze: In Sichtweite von karibisch blauen Traumstränden erheben sich schneebedeckte hochalpine Gipfel. Weite Sümpfe erstrecken sich neben trockenen Steingärten, und an den Berghängen gedeihen dichte Kastanien- und Kiefernwälder. Während das

◀ Unvergesslich: Der Blick vom Capo Rosso (▶ MERIAN Tipp, S. 14) über den Golf von Porto.

Mittelmeer in sanften Sandbuchten im Sommer Badewannentemperatur erreicht, sorgen eisige Gebirgsbäche für Abkühlung. Und wenn sich der Jetset in den Lifestyle-Orten Porto-Vecchio und Calvi feiert und seine Megajachten zur Schau stellt, werden ein paar Kilometer weiter nach wie vor Ziegen und Schafe durch die Hochtäler des Niolo und Alta Rocca getrieben und Nahrungsvorräte für die kalte Jahreszeit angelegt.

Die Hauptstadt Ajaccio an der Küste gibt sich mondän und weltoffen, und die alte Kapitale Corte ruht wie ein Fels in der Brandung im einsamen Hochgebirge der Insel, das jedes Jahr zahllose Wanderer anlockt. Einfache »bergerien« an den Fernwanderwegen laden zu Einkehr und Übernachtung ein, während an den Küsten die besten Luxusunterkünfte Frankreichs auf ihre Gäste warten. Gerade diese Gegensätze sind es, die Korsika so attraktiv und zu einem Reiseziel machen, das auf kleinstem Raum für jeden Geschmack etwas zu bieten hat.

Insel der Schönheit

Das vielfältige Angebot der Insel setzt sich an der Küste fort: An der sanften Ostküste erstreckt sich ein fast 100 km langer Sandstrand, und südlich von Solenzara breitet sich eine Felsküste mit bezaubernden Buchten und Landzungen aus, die hier und da von bizarr geformten Felsen unterbrochen wird. Hinter den Kalkfelsen von Bonifacio beginnt die zerklüftete Küstenlinie des Westens, die mit engen Fjorden, tiefen Küsteneinschnitten, Meeresbuchten und den wildromantischen Felsformationen der Calanches unterschiedlicher nicht sein könnte. Im Nordwesten reichen die fruchtbaren Hügel der Balagne bis ans Meer, wo Mistral-Winde aus dem Norden die schönsten Strände und Buchten der Insel geformt haben. Auf der Landzunge des Cap Corse, die wie ein Zeigefinger Richtung Genua weist, wiederholen sich die Gegensätze der Insel auf kleinstem Raum: steile Küsten, kleine Buchten, hohe Berge und fruchtbare Terrassenlandschaften, so weit das Auge reicht!

Ursprüngliches Korsika

Korsika – das sind nicht nur zwei Insel-Départements des französischen Mutterlands. Die Korsen sind ein stolzes Inselvolk mit eigenständiger Kultur und Sprache – Jahrhunderte voller Belagerungen aus allen Himmelsrichtungen haben einen »caractère« geformt, der Außenstehenden oft verschlossen bleibt. Während an der Küste heute der Tourismus boomt (neben etwas Landwirtschaft der einzige nennenswerte Wirtschaftszweig der Insel), spürt man in den Bergen oft noch immer, welch tiefe Wunden das entbehrungsreiche Leben der Hirten und die jahrzehntelangen Feindschaften zwischen Großfamilien in der korsischen Seele hinterlassen haben. Doch auch diese versteckte Bergwelt öffnet sich mehr und mehr den Touristen. Heute kann man hier wunderbare Fernwanderwege und gut markierte Tagestouren erkunden, auf wackeligen Drahtseilen über enge Täler gleiten und wilde Schluchten entdecken. Gemütlicher geht's mit der korsischen Eisenbahn, die in schwindelerregender Höhe durch das Hochgebirge rattert.

MERIAN TopTen

MERIAN zeigt Ihnen die Höhepunkte der Insel: Das sollten Sie sich bei Ihrem Besuch auf Korsika nicht entgehen lassen.

Korsika hält mit seinen vielfältigen Landschaften und Sehenswürdigkeiten selbst für Inselkenner immer wieder neue Überraschungen bereit. Von bezaubernden Städten und faszinierenden Küsten bis hin zu romantischen Dörfern in atemberaubenden Bergwelten bietet die Insel jede Menge Abwechslung. Die folgenden Höhepunkte sollten Sie sich bei Ihrem Korsika-Besuch auf keinen Fall entgehen lassen.

MERIAN TopTen 360°

Damit Sie sich vor Ort schneller orientieren können, finden Sie zu ausgewählten MERIAN TopTen auf den folgenden Seiten Umgebungskarten mit Restaurant-, Einkaufsempfehlungen und Tipps für weitere Sehenswürdigkeiten.

MERIAN TopTen

1 Bonifacio
Lage und Architektur der Hafen- und Festungsstadt sind nicht zu toppen (▸ S. 37).

2 Archipel des Sanguinaires
Zum Sonnenuntergang leuchten die Inseln und Felsen in warmen Rottönen (▸ S. 53).

3 Piana und Les Calanches
Bizarre Natur mit roten Felstürmen, Tälern und ausgewaschenen Tafoni-Felsen (▸ S. 55).

4 Gorges de la Restonica
Tageswanderung zu den klirrend kalten Bergseen Zentralkorsikas (▸ S. 67).

5 Désert des Agriates
Statt Wüste gibt es hier einsame Landschaften und Bilderbuchstrände (▸ S. 80).

6 Calvi
Traumstrand, Trutzburg, Savoir-vivre: ein Urlaubsziel wie aus dem Reisekatalog (▸ S. 85).

7 Tramway de Balagne
Die Fahrt mit diesem gemütlichen Zug zum Strand eröffnet herrliche Panoramen (▸ S. 93).

8 Pigna
In dem Künstlerdorf mit Flair kann man Kunsthandwerkern bei der Arbeit zuschauen (▸ S. 99).

9 Cap Corse
Idyllische Dörfer, kleine Buchten und bizarre Felsküsten auf der schmalen Nordspitze Korsikas (▸ S. 106).

10 Aiguilles de Bavella
Die Krone Süd-Korsikas mit ihren Granitspitzen könnte spektakulärer nicht sein (▸ S. 108).

360° Bonifacio

MERIAN TopTen

⭐ Bonifacio
Eine Altstadt in schwindelerregender Höhe auf einer Felsterrasse und ein Hafen, eingeklemmt in einem natürlichen Fjord – die südlichste Stadt Frankreichs ist ein Ort der Extreme (▶ S. 37).

SEHENSWERTES

❶ Église Sainte-Marie-Majeure
Unter der Loggia dieser opulent ausgestatteten Kirche in der Altstadt versammelten sich einst im Mittelalter die Stadtältesten und die Gerichtsbarkeit Bonifacios (▶ S. 38).

❷ Escalier du Roi d'Aragon
Der Legende nach ließ der König von Aragon während seiner Belagerung der Stadt im Jahre 1420 diese 187 Stufen in einer einzigen Nacht in den Kalkfels schlagen. Die spektakuläre schnurgerade Treppe ist vom Meer aus deutlich zu erkennen (▶ S. 39).

③ Place du Marche
Bonifacios einzigartige Aussichtsplattform Place du Marche hat wahrscheinlich den spektakulärsten Panorama-Boule-Platz der Welt zu bieten (▸ S. 38).

ESSEN UND TRINKEN

④ Restaurant U Castille
Das Restaurant hat einen kleinen Balkon direkt über den Klippen von Bonifacio – unbedingt reservieren! (▸ S. 41).
Rue Simon Varsi 7

⑤ Rocca Serra
Die Eisdiele und Pâtisserie am Hafen macht nicht nur das beste Eis in Bonifacio, inselweit bekannt sind auch die Mandelkekse Corail de Bonifacio (▸ S. 41).
Quai Comparetti 17

AKTIVITÄTEN

⑥ Bootsfahrt entlang der Küste
Die Kurztrips zu den Grotten und entlang der Kreidefelsen von Bonifacio starten alle halbe Stunde (▸ S. 31).

360° Golfe de Porto

MERIAN TopTen

Piana und Les Calanches
Vom Bergdorf Piana hat man einen herrlichen Blick auf die roten Felskaps von Senino und Scandola. Die bizarre Schönheit der Calanches ist zum Sonnenuntergang besonders beeindruckend (▶ S. 55).

SEHENSWERTES

Girolata
In das idyllische Piraten- und Fischerdorf am Rande des Naturschutzgebiets von Scandola kommt man bis heute nur über den schmalen Maultierpfad »Sentier Guy le facteur« oder mit dem Boot (▶ S. 57).

Porto
Der kleine Küstenort mit Kieselstrand und einem mittelalterlichen Wachturm ist bestens geeignet für Reisende, die entspannen, baden, Kajak fahren, wandern und gut Essen gehen wollen. Sehenswert ist auch das Mittelmeeraquarium (▶ S. 56).

ESSEN UND TRINKEN

③ Le Café de la Plage
Am Traumstrand von Arone kann man es sich auf Lounge-Betten mit Baldachin aus gebeiztem Strandholz gemütlich machen und dazu italienisch-mediterrane Küche genießen (▸ S. 56).
Plage d'Arone

④ Les Roches Rouges
Von der Restaurant-Terrasse dieses herrlichen Jugendstilpalais aus dem Jahre 1912 in Piana genießen die Gäste einen atemberaubenden Ausblick auf die bizarren roten Felsen der Calanches (▸ S. 56).
Route de Porto, Piana

AKTIVITÄTEN

⑤ Tour de Turghio
Auf den westlichsten Punkt Korsikas führt eine erlebnisreiche dreistündige Wanderung – der 360°-Rundblick ist einfach atemberaubend (▸ MERIAN Tipp, S. 14)!
Bei Piana

360° Calvi

MERIAN TopTen

Calvi
Die korsischen Unabhängigkeitskämpfer bissen sich einst an diesem geschichtsträchtigen Ort die Zähne aus. Christoph Kolumbus soll hier das Licht der Welt erblickt haben (▸ S. 85).

Tramway de Balagne
Auf wackeligen Gleisen geht es mit dieser Schmalspurbahn direkt an der Küste entlang, mit zahlreichen Zwischenstopps an traumhaften Stränden und charmanten Hafenstädten. Ein Spaß für große und kleine Eisenbahnfans (▸ S. 93)!

SEHENSWERTES

Citadelle
Der prächtige, von der Église St-Jean-Baptiste gekrönte Burgberg wacht stolz über Calvi. Genießen Sie den Sonnenuntergang auf den alten Stadtmauern und schlemmen Sie danach in einem der kleinen Restaurants (▸ S. 85).

❷ Notre-Dame de la Serra
Majestätisch thront die kleine Pilgerkapelle in der Maquis-Landschaft hoch oben über dem Golfe de Calvi (▸ S. 93).

❸ Plage de Calvi
Der leuchtende und von einem Pinienwald geschützte Stadtstrand von Calvi zählt zu den schönsten auf der ganzen Insel. Hier kann man morgens joggen, mittags sonnenbaden, abends tanzen und feiern (▸ S. 85).

ESSEN UND TRINKEN

❹ Le Jardin du Magnolia
Carpaccio vom Schwertfisch und knusprige Entenbrust: moderne korsische Küche unter einem großen Magnolienbaum (▸ S. 89).
Rue Alsace Lorraine

AM ABEND

❺ Octopussy
Das Programm der Bar reicht vom Folklore-Abend bis zum Rave. Getanzt wird auf Sand (▸ S. 89).
Route de la Pinède

MERIAN Tipps

Mit MERIAN mehr erleben. Nehmen Sie teil am Leben der Insel und entdecken Sie Korsika, wie es nur Einheimische kennen.

1 Die Tour de Turghio von Capo Rosso 📖 A 7

Auf den westlichsten Punkt Korsikas führt diese dreistündige Wanderung mit fabelhaften Ausblicken. Der Aufstieg zu dem auf 300 m Höhe über dem Meer gelegenen Genueserturm ist jede Mühe wert – der 360°-Rundblick von der Aussichtsplattform auf den Golfe de Porto und den Golfe de Sagone ist schlichtweg atemberaubend! Auf der Straße Richtung Plage d'Arone liegt ein Parkplatz mit Snackbar, von hier aus hat man das Kap bereits im Blick!

Piana, Route à la plage d'Arone

2 Capo Pertusato 📖 E 12

Der relativ einfache Spaziergang entlang der wohl spektakulärsten Steilküste der Insel führt

MERIAN Tipps

direkt vom lebendigen Bonifacio in die Einsamkeit der Kalkfelsen im Süden Korsikas, vorbei an hoch aufragenden Kalkklippen und Aussichtspunkten mit Blick auf den Kreidefelsen von Grain de Sable, der aus dem windumtosten Meer emporragt. Die Wanderung von einer guten Stunde pro Strecke ist nicht markiert, aber kaum zu verfehlen. Der Weg entlang der Küste ist selbsterklärend, kurz vor dem Leuchtturm schlängelt sich ein schmaler Pfad bis zu einem kleinen Strand, von dem man einen fantastischen Blick auf den Lavezzi-Archipel und das von hier nur etwa 12 km Luftlinie entfernte Sardinien hat. Ziel der Wanderung ist der Signalturm von Pertusato, der südlichste Punkt Korsikas. Der Spaziergang bietet sich vor allem in den späten Nachmittagsstunden an, denn dann zeichnet die untergehende Sonne die Konturen der südkorsischen Berge hinter Bonifacio in den Himmel.

Bonifacio, Start an der Plattform oberhalb der Treppe von Montée Rastello

⭐ Schickeria-Treffpunkt im Piraten-Stil E 12

Schöner kann eine Strandlocation nicht sein: rotgoldener Sand, glasklares Wasser und eine eigene Landungsbrücke für die illustren Gäste. Im Maora Beach in der Bucht von Santa Manza werden leckere und leichte Salate, Taboulé und Fischgerichte serviert, z. B. »Calamars à la plancha« – Tintenfisch mit Grillgemüse.

Baie de Sant'Amanza – Plage de Maora • Tel. 04 95 73 11 93 • www.restaurant-maorabeach.com • Mitte Mai–Ende Sept. ganztägig • €€

⭐ Das Hochplateau von Coscione D 9

Das Hochplateau von Coscione ist die größte Hochebene der Insel und umfasst herrliche Steppenlandschaften und bewaldete Hügel, Felder von aufgetürmten Granitfelsen und große Feuchtwiesen, die von kleinen Bächen und Tümpeln

peln (»pozzine«) durchzogen sind. Auf den Moosteppichen weiden halbwilde Pferde, Schweine sowie Kühe und sogar Hirsche. Eine fantastische Rundumsicht auf den gesamten Süden der Insel hat man von der höchsten Erhebung Südkorsikas, dem Monte Incudine (2134 m). Erreichbar ist das Plateau über die D428 nördlich von Aullène oder über eine steile Zufahrtsstraße ab Quenza, die bis zur ehemaligen Skistation Bucchinera führt.

85 km nördlich von Bonifacio

⭐ Der große Markt von Ajaccio Klappe hinten, e 5

Hier gibt es alles, was das korsische Feinschmeckerherz begehrt: Neben Obst und Gemüse, Wurst-

waren, schmackhaften Käsesorten aus Korsika und dem nahen Sardinien, Marmeladen und Gewürzen befindet sich hier außerdem der wohl größte Fischmarkt der Insel. Nach dem Einkauf kann man das bunte Markttreiben von einem Platz in einem der vielen Straßencafés genießen. Jeden Sonntag findet hier außerdem ein großer Flohmarkt statt, entlang der Küstenpromenade Boulevard Lantivy.
Ajaccio • Place Foche • Di–So 8–12 Uhr

Die verlockenden Düfte der Costa Verde E 5

Dieser Bio-Hof für Heil- und Aromapflanzen unter deutscher Leitung ist ein Fest für die Sinne. Hier werden aus den Blättern und Blüten von frischen Kräutern mittels aufwendiger Herstellungsverfahren reine ätherische Öle, Parfüms und Pflegeöle gewonnen. Die deutsche Familie von Keyserlingk verwendet dafür ausschließlich Zutaten aus biologischem Anbau und Wildernte. Eine Versuchung wert ist z. B. das ätherische Öl der Immortelle. Mit seinem orientalischen Duft verbreitet es auch zu Hause einen Hauch von Korsika und besitzt zudem eine entzündungshemmende Wirkung.
Lieu-dit Bordeo • San Nicolao • Tel. 04 95 38 46 04 • www.essences-naturelles-corses.fr/index.php/de • Juni–Sept. Mo–Sa 10–12.30 und 15–19 Uhr, Okt.–Mai Mo–Fr 10–12 und 14–17 Uhr • Hofführungen Juni–Sept. Mo, Mi, Fr 10.30 Uhr

Exzellente Weine aus dem Nebbio D 3

Wie ein gewaltiger Drachenrücken erheben sich die Zacken der Nebbio-Hügelkette über diesem fruchtbaren Landstrich, wo schon die Römer einst ihren Wein anbauten. Von hier stammten die ersten korsischen Weine mit der kontrollierten Ursprungsbezeichnung A.O.C. (Appellation d'Origine Contrôlée). Heute konzentrieren sich die hiesigen Weinbauern zunehmend auf die Produktion biologischer Weine. Der Saft der edlen Trauben wird per Hofverkauf angeboten. Unbedingt probieren: den roten Bio-Wein Petra Bianca der Domaine Leccia in Poggio d'Oletta und den Bio-Dessertwein der Muskat-Kellerei Domaine Marengo in Barbaggio.

Domaine Leccia in Poggio d'Oletta • Tel. 04 95 37 11 35 • www.domaine-leccia.com • Mo–Sa 9–19, So 10–18 Uhr

Domaine Marengo • Tel. 06 20 87 00 15 • www.domaine-marengo.fr

⭐ 8 La Ferme de Campo di Monte   📖 E 4

Deftig korsisch in einmaligem Ambiente: Das kleine Restaurant von Pauline Juillard gehört zu den offenen Geheimtipps der Insel. In ihrem ehemaligen Bauernhaus aus dem 16.Jh. serviert die Kochbuch-Autorin ein mehrgängiges korsisches Menü: Wildschweinragout, Schinken, Käse vom eigenen Hof. Die Familie vermietet auch einige wenige, liebevoll hergerichtete Fremdenzimmer in ihrer Casa Morati in Murato.

Murato • Tel. 04 95 37 64 39 • www.fermecampodimonte.com • Juni–Sept. tgl. 18.30–21 Uhr, Okt.–Mai nur Do–So

⭐ 9 Calvi on the Rocks   📖 B 4

Am ersten Juli-Wochenende verwandelt sich der lange Traumstrand von Calvi zu einer riesigen Freiluft-Tanzfläche mit unterschiedlichen DJs und Livebands: Ein buntes Partyvolk feiert ab dem frühen Nachmittag an den Paillotes ausgelassen zu Techno, anderen elektronischen Klängen und Alternative-Pop. Am Abend geht die Party dann weiter in den Bars und Kneipen der Altstadt.

www.calviontherocks.com

⭐ 10 Das Geisterdorf Occi hoch über der Balagne   📖 B 4

Der letzte Einwohner hat Occi 1918 im Sarg verlassen. Seither verfallen die mittelalterlichen Granithäuser. Der fantastische Blick, der bei klarer Sicht vom Golfe de Calvi bis zum Cap Corse reicht, hat wohl auch dem französischen Supermodel Laetitia Casta gefallen. Prompt hat sie den Wiederaufbau des einzigen heute intakten Gebäudes, der Kirche L'Annunziata, mitfinanziert. Ihr Vater stammt übrigens aus dem nahen Lumio. Ein zwanzigminütiger steiler Fußweg führt hinter dem Hotel-Restaurant Chez Charles in Lumio ins malerische Occi.

1 km von Lumio

Die schmucke Altstadt von Bastia (▶ S. 75) rund um den Port Vieux lockt mit verwinkelten Gassen, barocken Kirchen und einer beeindruckenden Zitadelle.

Zu Gast auf **Korsika**

Unterkünfte von einfach bis exklusiv, eine Inselküche von deftig bis sommerlich-leicht, unzählige Sportmöglichkeiten und traumhafte Strände erwarten den Gast auf Korsika.

Übernachten

Korsika-Reisende können sich in heimeligen Hotels mit persönlicher Atmosphäre verwöhnen lassen, ein Ferienhaus in ländlicher Umgebung mieten oder Ruhe im Kloster suchen.

◀ Romantische Villen mit historischem Ambiente – der Domaine de Murtoli (▶ S. 59) verspricht Luxus pur.

Die Mehrzahl der Hotels auf Korsika ist in Familienbesitz. Dementsprechend schwanken Qualität und Angebot sehr stark, auch wenn die Hälfte der knapp 30 000 Hotelbetten der Insel im komfortablen Drei-Sterne-Bereich liegen. Die Unterkünfte sind meist relativ klein, große Hotelburgen sucht man mit Ausnahme der Bucht von Ajaccio vergeblich. Das Übernachtungsangebot ist daher relativ begrenzt und in der Zeit von Mitte Juni bis Mitte September schnell ausgebucht. Ohne Vorausbuchung sollte man also nicht nach Korsika aufbrechen, auch nicht in den Monaten Oktober bis April, da die meisten Hotels nur saisonal öffnen. Das Preisniveau ist relativ hoch. Die teuerste Reisezeit ist von Ende Juli bis Ende August. Ein komplettes Verzeichnis aller Hotels und Apartmentanlagen bekommt man in den Touristenbüros sowie auf www.visit-corsica.com/de. Bei der Hotelsuche sollte stets beachtet werden, ob das Frühstück (»petit déjeuner«) bereits im Preis enthalten ist – es kostet je nach Hotelkategorie zwischen 10 und 20 € extra pro Person und muss oftmals erst vor Ort bezahlt werden. Ein Frühstück in der Bar um die Ecke ist aber meist preiswerter.

Günstige Alternative: Privatunterkünfte

Privatpensionen, Bed and Breakfast-Unterkünfte (»chambres d'hôtes«) und Ferienhauseigentümer sind in dem Verband **Gîtes de France Corse** zusammengefasst. Sie bieten meist liebevoll eingerichtete Zimmer, die oft außerhalb der beliebten Feriengebiete liegen. Eine Buchungsstelle bietet Beratung und Vermittlung (www.gites-corsica.com).

Zudem haben französische Investmentgesellschaften in den letzten Jahren zahlreiche große **Résidence-Anlagen** (▶ S. 33) aus dem Boden gestampft. Sie versprechen den Eignergemeinschaften Steuererleichterungen und Urlaubern hochwertige Unterkünfte zu fairen Preisen (www.odalys-vacances.com/corse).

Im korsischen Nationalpark stehen für mehrtägige Touren **Schutzhütten** (»refuges«) zur Verfügung, die bei der Parkverwaltung im Voraus reserviert und bezahlt werden (www.parc-corse.org/vad).

Es gibt **Campingplätze** aller Qualitätsstufen, die besseren bieten auch Mobilhomes und kleine Holzchalets auf Ferienhausniveau. Die Plätze im Inselinnern werden hauptsächlich von Aktivurlaubern und Wanderern besucht, an der Ostküste gibt es große Anlagen für FKK-Fans. Eine Übersicht mit Bewertungen der einzelnen Campingplätze bietet etwa www.paradisu.ch/korsikacampingvezeichnis.html

Auch einige **Klöster** wie das Couvent Saint Dominique in Corbara nehmen Gäste auf (www.stjean-corbara.com). Was Unterkunft und Essen betrifft, darf man dort keine hohen Ansprüche stellen. Dafür dürfen Gäste am Klosterleben teilnehmen.

Empfehlenswerte Hotels und andere Unterkünfte finden Sie bei den Orten im Kapitel ▶ **Unterwegs auf Korsika.**

Preise für ein Doppelzimmer mit Frühstück:
€€€€ ab 200 €   €€€ ab 120 €
  €€ ab 80 €   € bis 80 €

Essen und Trinken

Die korsische Küche ist bodenständig und geprägt von französischen und italienischen Einflüssen. Dazu werden kräftige Weine und leckere Digestifs gereicht.

◀ Korsische Wurstspezialitäten erhalten ihren besonderen Geschmack durch die Zugabe von Gebirgskräutern.

Die traditionelle korsische Küche ist deftig-würzig und vor allem für ihre einfachen Fleischgerichte bekannt, die mit den Kräutern der Maquis, Thymian, Oregano, Rosmarin und Salbei, verfeinert werden. »**Charcuterie corse**«, kräftige korsische Wurstwaren wie »**lonzu**« (magerer, meist in Pfeffer und Kräutern gerollter Lendenaufschnitt), »**coppa**« (Kamm), »**prisuttu**« (roher, luftgetrockneter Schinken), »**saucisson d'âne**« (Eselsalami) oder »**terrine de sanglier**« (Wildschweinpastete) sind auf allen korsischen Speisekarten zu finden. Die pikanten mit Wein und Pfeffer aromatisierten Schweinsleberwürste »**figatelli**« werden meist warm serviert und gehören genauso auf einen korsischen Vorspeisenteller wie die würzigen Käsesorten aus Kuh- und Ziegenmilch oder der gereifte Schafsweichkäse **U Pecurinu**. Ein korsischer Käseklassiker ist der »**brocciu**«, ein milder Schafs- oder Ziegen-Frischkäse. Er wird zu Pasta und Omelettes gereicht und zur Fiadone-Creme, einer Nachspeise mit Zitrone und Ei, verarbeitet. Die Edelkastanie ist der Brotbaum der Insel: Ihr Mehl dient als Basis für Maronenpolenta sowie für Torten und Gebäck.

Leichte Kost im Sommer
Im Sommer wird die deftige Küche hauptsächlich den Touristen serviert. Einheimische bevorzugen hingegen eher eine leichte Sommerküche mit Pasta, Salaten und Meeresfrüchten, die sich an Italien und Frankreich orientiert. Fangfrischen **Fisch** bekommt man vor allem in den großen Küstenorten: Langusten am Cap Corse und in Bonifacio, Austern und Muscheln in Aléria, frischen Fisch in Ajaccio, Bastia, Saint-Florent und Propriano. Gegrillt oder gebraten kommt Fisch meist mit frischen Maquis-Kräutern auf den Tisch.

Korsische Weine
Die korsischen Weine sind kräftig und körperreich, aber nicht allzu schwer: Viele Trauben sind mit denen vom italienischen »Stiefel« verwandt. Weine aus dem Patrimonio tragen oft die geschützte Ursprungsbezeichnung **Appellation d'Origine Contrôlée** (A.O.C.) und stammen häufig aus Bio-Anbau. Weißweinkenner schwören auf den trockenen und blumigen Vermentinu.

Bier, Cola und Spirituosen
Der bekannteste Brauer der Insel ist die **Brasserie Pietra**, die das gleichnamige Bier mit Kastanienmehl-Zusatz herstellt. Aus demselben Haus stammt auch die **Corsica Cola,** die stolz den Mohrenkopf im Logo führt. Der klassische Aperitif ist nach wie vor **Pastis**, der zwar meist aus Südfrankreich stammt, mit Casanis gibt es aber auch eine korsische Marke. Der süße Aperitif **Cap Corse** wird aus Rotwein, Chinin und Maquis-Kräutern gewonnen, der Dessert-Likör **Murtellina** aus Myrthe-Beeren. Ein echter Rachenputzer ist der klare Schnaps **Eau de Vie.**

Empfehlenswerte Restaurants finden Sie bei den Orten im Kapitel ▶ **Unterwegs auf Korsika.**

Preise für ein dreigängiges Menü:
| €€€€ | ab 60 € | €€€ | ab 35 € |
| €€ | ab 20 € | € | bis 20 € |

Einkaufen

Ob traditionelles Handwerk, Leckereien aus der Inselküche, Musikinstrumente, Schmuck oder wohltuende Düfte – auf Korsika findet jeder ein passendes Mitbringsel.

◂ Auf dem schönsten Markt Korsikas in Ajaccio (▸ MERIAN Tipp, S. 15) werden heimische Spezialitäten aufgetischt.

Um das langsame Aussterben des **traditionellen Handwerks** auf Korsika zu stoppen, haben sich die Handwerker der Balagne zur **Strada di l'Artigiani** zusammengeschlossen. Glasbläser, Gold- und Messerschmiede, Korbmacher, Töpfer und Musikinstrumentenbauer bieten im Rahmen dieses Projekts in den alten Bergdörfern und Weilern ihre Werke zum Verkauf an. Einigen traditionellen Handwerkern in der Region zwischen Calvi und Occhiani kann man sogar bei der Arbeit über die Schulter schauen. In ihren Kunsthandwerksläden werden Schmuck, Keramik, Möbel und Lampen, Vasen und Spieluhren neben hochwertigen kulinarischen Mitbringseln wie Olivenöl, Wein und traditionellem korsischen Gebäck feilgeboten.

Köstliche kulinarische Spezialitäten

Leckere Marmeladen, korsischen Honig mit Herkunftsgarantie, Wurst und Käse, lokale Weine und Spirituosen bekommt man aber auch in liebevoll dekorierten Geschäften in jedem größeren Ferienort. Besonders lecker und günstiger als im Laden kann man Lebensmittel auf den zahlreichen **Landfesten** »foires rurales« erstehen. Das Olivenöl-Fest A Festa di l'Oliu Novu in Santa Lucia di Talla im April, das Käsefest in Venaco im Mai, das Honigfest U Mele in Festa Ende September in Murzu sowie die Kastanienfeste im Winter in Evisa und Bocognano sind für Einheimische wie Urlauber kulinarische Erlebnisse. Auch die zahlreichen **Wochenmärkte** in Ajaccio, Bastia, Île-Rousse, Calvi und Solenzara bieten Gelegenheiten zum günstigen Lebensmittelkauf. Die **Weingüter** rund um Patrimonio, an der Ostküste und um Sartène bieten Degustationen an, so kann man die edlen Tropfen probieren und im günstigen Direktverkauf erwerben.

Korsische Aromen und Schmuck

Der Duft der Maquis wird in **Essenzen** und ätherischen Ölen eingefangen. Die kleinen Fläschchen mit Lavendel, Lorbeer, Rosmarin, Laricio-Kiefer, Eisenkraut, Immortelle und wilder Minze sind ebenso gesund wie wohlriechend und stammen fast immer aus zertifiziertem Bio-Anbau. Die kunstvoll gestalteten **Amulette** und Kettenanhänger des Unternehmens Nanarella aus dem Prunelli-Tal sind überall auf der Insel zu haben. Sehr beliebt und vor allem in Bonifacio erhältlich ist **Schmuck aus Korallen**, die noch heute in kleinen Mengen in 70 bis 130 m Tiefe geerntet werden.

Es gibt auf der Insel kein einheitliches Ladenschlussgesetz, doch die Siesta von 12 bis 15 Uhr ist auch den Korsen heilig. Bäcker haben auch am Sonntagvormittag geöffnet, und in den großen Urlaubszentren bleiben viele Geschäfte bis spät abends offen. In Ajaccio, Corte, Bastia und Sartène kann man im Sommer einmal in der Woche bis Mitternacht einkaufen – einfach auf Aushänge für »Shopping de Nuit« achten.

Empfehlenswerte Geschäfte und Märkte finden Sie bei den Orten im Kapitel ▸ **Unterwegs auf Korsika**.

Sport und Strände

Unberührte Buchten liegen im Westen der Insel, die schönsten Strände im Nordwesten und im Süden. Die Berge im Landesinneren laden zum Wandern, Canyoning und Klettern ein.

◀ Einer von vielen traumhaften Sandstränden auf Korsika: Bodri (▶ S. 28) in der Nähe von L'Île-Rousse.

Korsika ist ein Paradies für Outdoor-Aktive. Egal ob Radfahren, Wandern, Tauchen oder Golf – die Insel bietet Sportangebote für jeden Geschmack. Wer es etwas ruhiger mag, findet rund um Korsika tolle Badestrände völlig unterschiedlicher Natur.

CANYONING

Über 70 Schluchten lassen sich fast ganzjährig erwandern oder erklettern. Highlights sind die Badestellen und Rutschen auf den glatten Felsen der Canyons von Vacca, Purcaraccia und Polischellu rund um Bavella. Ab dem Pont du Fiumicelli kann man die Schlucht des Solenzara auch ohne spezielle Ausrüstung erwandern und erschwimmen – auch mit Kindern. Geführte Canyoning-Touren:

Bavella Canyon D 9
Village de Bavella • Tel. 06 20 27 49 41 • www.bavella canyon.com

Aqa Canyon D 10
Levie • Tel. 06 20 61 76 81 • www.aqa-canyon.com

Canyon Corse B 9
Ajaccio, Blvd. Fred Scamaroni • Tel. 06 15 05 28 42 • www.canyon-corse.com

GOLF

Einer der spektakulärsten Profi-Golfplätze des Mittelmeers ist Golfe de Sperone auf der Südostspitze Korsikas (www.golfdesperone.com). Reizvoll liegt auch der Neun-Loch-Rasen des Golf Corse du Reginu (www.golf-reginu.com) in der Balagne.

KAJAK UND RAFTING

Die Fluss- und Bachläufe im Inselinnern mit ihren spektakulären Stromschnellen sind ideal für Wildwasserkajak-Fans. Die unteren Flussläufe von Asco, Solenzara, Travo und Tavaro eignen sich auch für Anfänger. Allerdings ist man meist auf eigene Ausrüstung und einen Begleiter für Einsatz und Aussatz angewiesen. Bei hohen Wasserständen ist auf dem Golo und dem Tavignano sogar Rafting möglich. Ein Paradies für Wanderpaddler ist bei ruhiger See das Naturschutzgebiet Scandola mit seinen Grotten, Fjorden und Buchten. Verleiher von Seekajaks gibt es z. B. in Porto, Propriano, Saint-Florent und Marine de Sisco (Cap Corse).

KLETTERN UND BOULDERN

Spektakuläre Bergwände, spitze Felsnadeln und fantastische Tafoni-Landschaften locken Kletterer auf die Felsnadeln des Col de Bavella und in das Restonica-Tal bei Corte sowie zum Felsen Rocher des Gozzi bei Ajaccio sowie nach Bocognano. Bouldering-Fans finden in der Balagne und in den Gorges de la Restonica beste Kletterfelsen aus hartem Granit. Eine komplette Übersicht über die besten Gebiete bietet der Führer »Falaises de Corse«, erhältlich auf der ganzen Insel oder bei http://escalade.corse.topo.free.fr

RADFAHREN

In allen großen Städten gibt es Fahrradvermietungen, Radwege sind allerdings spärlich. Für Radfahrer herrscht Warnwestenpflicht. Ein Paradies für Mountainbiker sind die Kiefernforste um Zonza und L'Ospedale und der Désert des Agriates. Auf www.bikemap.net gibt es viele Routenvorschläge. Rennradler finden am Cap Corse und in der Balagne tolle Strecken, alle Routen der Insel auf www.korsika-rennrad.de

SKIFAHREN UND LANGLAUF
Die Pisten und Abfahrten auf Korsika sind eher exotisch als alpin, trotzdem kann man in Bastelica/Val d'Ese auf sechs Pisten (www.ski-bastelica.com) und in Ghisoni-Capanelle mit einem Lift und Blick aufs Meer (www.ghisoni.fr) Wintersport betreiben. Langlauf ist in Haut-Asco, am Col de Vergio/Castellaccio im Niolo, bei Quenza und auf der Coscione-Hochebene möglich.

STRÄNDE
Die schönsten Ziele für Strandfans sind im Süden Porto-Vecchio, wo sanfte Buchten mit goldgelbem Sand warten, sowie Propriano und Campomoro im Westen und die Balagne im Nordwesten. Ein langer, hellgrauer Strand, nur unterbrochen von Flussmündungen und Jachthäfen, erstreckt sich entlang der gesamten Ostküste von Solenzara über Ghisonaccia, Aléria und Moriani-Plage bis Bastia (La Marana). FKK-Freunde fühlen sich vor allem auf der Ferienhalbinsel La Chiappa bei Porto-Vecchio und an den Stränden von Linguizzetta an der Ostküste wohl.

Baie de Rondinara   E 11
Ringförmige, windgeschützte Traumbucht auf halber Strecke zwischen Porto-Vecchio und Bonifacio.

Barcaggio   E 1
Der weiße Sandstrand an der Spitze des Cap Corse ist ein herrlicher Badeplatz auch für Kinder, inklusive Blick auf die kleine Giraglia-Insel.

Bodri   B 4
Eingerahmt von Klippen und Felsen und duftender Maquis, liegt diese verlockende Sandbucht mit karibikblauem Wasser westlich von L'Île-Rousse.

Golfe de Lava   A/B 8
Schöne, weite und selten überlaufene Bucht mit weißem Sand unweit von Ajaccio.

Plage de l'Ostriconi   C 3
Der helle Strand am Rande des einsamen Désert des Agriates gehört zu den beeindruckendsten Buchten Nord-Korsikas: Ein leuchtend grüner Bach schlängelt sich durch den hellen Sand ins Meer, knorrige Ginsterbüsche schmücken die Spitzen der Sanddünen.

Plage de Palombaggia E 11
Südöstlich von Porto-Vecchio wartet der weltberühmte Bilderbuchstrand mit weißem Sand, roten Felsen und hohen Pinien auf.

TAUCHEN
Die zahlreichen Riffe und Felsküsten der Insel machen Korsika zu einem Paradies für passionierte Taucher und Schnorchler. Tauchschulen gibt es in jedem größeren Touristenort, unter deutscher Leitung stehen z. B. folgende Schulen:

Beluga Diving   B/C 4
L'Île-Rousse • Tel. 06 82 04 95 10 • www.beluga-diving.com

Tauchclub Corsicana   E 5
San Nicolao • Tel. Sommer 04 95 38 86 44, im Winter unter der deutschen Nummer 01 76 97 61 96 45 • www.tauchclubcorsicana.de

Korsikas kristallklare Flüsse und Bäche mit ihren erfrischenden Badegumpen bieten beste Bedingungen zum Canyoning (▶ S. 27).

Tauchschule Hippocampe 🔴 E 11
Club La Chiappa (Porto-Vecchio) •
Tel. 04 95 70 56 54 • www.hippo
campe.de

WANDERN

Korsika bietet Wandermöglichkeiten für jeden Schwierigkeitsgrad, von kurzen Spaziergängen wie den Touren zu den Ruinen von Araggio (▶ S. 43), zu den Wasserfällen von Piscia di Gallo (▶ S. 108), in den Calanches de Piana ⭐, zu den Bergseen des Restonica-Tals (▶ S. 67) oder zum Capo Rosso (▶ MERIAN Tipp, S. 14) bis hin zu den anspruchsvollen Fernwanderwegen Tra Mare e Monti von Conca bis Carghese im Norden (zehn Etappen) oder Da Mare a Mare Sud (fünf Etappen von Porto-Vecchio bis Propriano). Der berühmte GR 20 führt in 16 Tagesetappen von Nord nach Süd oder umgekehrt. Wanderparadiese sind Corte und Asco im Norden sowie Levie und Zonza im Süden. Geführte Wanderungen werden z. B. auf www.abenteuer-korsika.de angeboten.

WINDSURFEN, WELLENREITEN, KITESURFEN

Surfen ist auf Korsika ganzjährig möglich und Winterwinde schaukeln das Meer für Wellenreiter auf. Surfer-Mekka ist der Süden um die Buchten von Baie de San Ciprianu und Santa Manza. Anspruchsvolle, oft starke Mistral- und Scirocco-Winde locken Surfer wie Kiter in Baie de Figari. Im Golfe de Valinco surft man je nach Wind von Porto Pollo oder von Propriano aus. In Algajola in der Balagne findet man ganzjährig viele einheimische Surfer, Verleiher und paradiesische Windverhältnisse. In den Wintermonaten trifft man sich auch in Macinaggio (Cap Corse).

Familientipps

Korsika eignet sich wunderbar für einen Familienurlaub. Hier kann man am Strand spielen, per Bahn die Insel erkunden oder sich sportlich betätigen – Naturerlebnisse inklusive.

◂ Die kühlen Flussbadestellen im Inselinneren sind besonders bei Kindern beliebt (▸ S. 31).

Badegumpen

Wer auf Korsika Badefreuden genießen will, muss nicht unbedingt Strand und Meer aufsuchen! Viele familienfreundliche Flussbadestellen im Inselinneren laden zum Planschen und Spielen ein, z. B. an der Solenzara (▸ S. 73), im Fango-Tal (▸ S. 92) sowie an der Genueserbrücke Pont de Carbuccia gleich hinter dem Schildkrötenpark A Cupulatta. Mutige können sich auf die hohen Sprungfelsen an den tiefen Badegumpen des Fium'Orbu östlich von Ghisoni (▸ S. 67) wagen.

Bootsausflug in Bonifacio oder nach Lavezzi D 12

Kurztrips zu den Grotten und entlang der Kreidefelsen von Bonifacio sind ein unvergessliches Erlebnis. Die einstündige Küstentour startet alle 30 Minuten, Fahrten in den Lavezzi-Archipel werden als Zwei-Stunden-Trips oder Halbtages- und Tagesausflüge mit Zwischenstopp auf der Île de Cavallo angeboten. Picknickkorb nicht vergessen! Société des Promenades en Mer de Bonifacio SPMB • Quai Noël Beretti • Tel. 04 95 10 97 50 • www.spmbonifacio.com • März–Okt.

Erlebniswandern

Zahlreiche Kurzwanderungen eignen sich für größere Kinder, z. B. ein Ausflug zum Genueserturm Tour de Turghio am westlichsten Punkt Korsikas oder auf die Tour de Sénèque bei Fieno am Cap Corse. In den Wachturm, der hoch oben auf einer Felsspitze thront, wurde angeblich der römische Philosoph Seneca verbannt. Auch die Wanderungen in das Geisterdorf Occi (▸ MERIAN Tipp, S. 17) oder auf die verlassenen Torreanerfestungen Castellu di Cucuruzzu (▸ S. 45) und Araggio (▸ S. 43) sind mit Kids wunderbar machbar und nehmen nicht zu viel Zeit in Anspruch.

 MERIAN Tipp

DIE TOUR DE TURGHIO VON CAPO ROSSO

Der Aufstieg auf den majestätischen Felsrücken des Capo Rosso wird mit einem spektakulären Ausblick auf die korsische Westküste belohnt – der alte Genueserturm thront nahezu senkrecht über dem Meer! ▸ S. 14

Hochseilgärten

Eine besondere Attraktion für Kinder (aber auch für Eltern) sind die wackeligen Brücken und Hochseilgärten, die sich in schwindelerregender Höhe über Schwarzkiefernwälder und enge Flusstäler spannen. Im Wald von L'Ospedale bei Porto-Vecchio lädt Xtremsud zu Klettertouren ein, und der Parc de la Solenzara mit Klettergarten ist schon für Kinder ab drei Jahren geeignet. Weitere Parks sind A Scimia Calvese in den Pinien am Strand von Calvi sowie Korsikas größter Hochseilgarten, Rêves de Cimes in Vero bei Ajaccio.
– Xtremsud • www.xtremsud.com • Tel. 04 95 70 01 20 • Mai–Mitte Sept. • Eintritt 22 €, Kinder 18 €
– Parc de la Solenzara • Tel. 06 29 19 19 04 • www.corse-canyoning-parc.com • Mitte Juni–Mitte Sept. tgl. 9–29 Uhr • Eintritt 22 €, Kinder 17 €

– A Scimia Calvese • Tel. 06 83 39 69 06 • www.altore.com • April–Okt. • Eintritt 18 €, Kinder 15 €
– Rêves de Cimes • Tel. 04 95 21 89 01 • www.revesdecimes.fr • Ende April–Anfang Nov. am Wochenende, Mitte Juni–Anfang Sept. tgl. 10–18 Uhr • Eintritt 22 €, Kinder bis 1,50 m 18 €

⭐ Inselbahn Tramway de Balagne   B 4

Kinder lieben die Fahrt mit dieser wackeligen Inselbahn zum Strand oder quer über die Insel. Ein Tagesausflug mit der Bahn führt bis zur einsamen Bahnstation von Vizzavona, wo man durch die schattigen Eichenwälder bis zu den Badegumpen der Wasserfälle Cascades des Anglais (▸ S. 70) wandern kann.

Mit dem Schlauchbootshuttle an den Strand

Spannender Bootsausflug zu den kinderfreundlichen Traumstränden des Désert des Agriates (▸ S. 80), die man nur mit dem Boot erreichen kann. Ab Ajaccio gibt es einen Shuttleverkehr mit Booten zu den Stränden von Porticcio (▸ S. 53).

Pkw-Rundfahrten

Wenn die Kleinen nicht unter der Reisekrankheit leiden, lässt sich bei einer Inselrundfahrt mit dem eigenen Auto viel Spannendes entdecken. In der Castagniccia (▸ S. 104) sind Hausschweine, Schafe und Kühe die wichtigsten Akteure im Straßenverkehr, in den verwunschenen Felslandschaften der **Calanches** ⭐ (▸ S. 55) bei Piana warten Felsformationen, die an Hundeköpfe, Adler, Indianer, Herzen und andere Figuren erinnern. Einfach die Augen offen halten!

Reiten

Für Ausritte gibt es ausgezeichnete Möglichkeiten in der Balagne, bei Porto-Vecchio und an der Ostküste. Eine Reitstunde kostet in der Regel zwischen 15 und 30 €, und die meisten Ställe sind ganzjährig geöffnet. In Sant'Antonino in der Balagne können Kinder mit ihren Eltern die mittelalterliche Stadt auf dem Rücken eines Esels erkunden (▸ S. 100). Familientaugliche Ausritte in die Berge der Balagne ab Monticello bietet das **Centre Équestre de Saint François** (www.centre-equestrestfrancois.com).

Die **Ranch Campo** (www.ranchcampo.com), ein Reitstall mit Unterkünften bei Porto-Vecchio, veranstaltet Reit- und Badeausflüge am Strand von Palombaggia. Strand- und Flusswanderungen um Propriano zu Pferd und Pony für Kinder ab drei Jahren organisiert das **Centre Equestre L'Hacienda** (www.centre-equestre-propriano.com), und der Eselshof **Ecole des Anes** (www.ecoledesanes.com) bei Cervione bietet speziell für Kinder konzipierte Ausritte, Eltern bis 85 kg dürfen aber ebenfalls mitreiten. Ein lohnender Halbtagesausflug kostet ab 65 €, 20-minütige Anfängerkurse für Kinder ab drei Jahren kosten 14 €.

Schildkrötenpark A Cupulatta bei Ajaccio   C 8

Der riesige Schildkrötenpark beherbergt über 3000 Tiere und 170 Arten aus aller Welt – von winzigen tropischen Arten bis zu riesigen Galapagosschildkröten. Auch die auf Korsika heimischen Landschildkröten werden im Park gezüchtet. Ein Highlight ist die Aufzuchtstation mit niedlichen Baby-Reptilien.

Ein besonderes Erlebnis für pferdebegeisterte Kinder sind Ausritte (▶ S. 32), die überall auf Korsika angeboten werden.

Direkt an der Schnellstraße N193, 20 km nordöstlich von Ajaccio • Tel. 04 95 52 82 34 • www.acupulatta.com • April–Nov. 10–17.30 Uhr, im Sommer länger • Erwachsene 11 €, Kinder von 5 bis 11 Jahren 5 €

Urlaub in der Residence-Anlage
Eine tolle Alternative zum klassischen Hotelurlaub bieten die großen Residence-Anlagen an der Ostküste, die mit Hotelservices, Bungalows und preiswerten, einfachen Mobilhomes aufwarten. Diese Unterkünfte sind bestens geeignet für Kinder, die in dieser Umgebung schnell Anschluss finden und ungestört am Strand toben können. Manche Anlagen bieten auch Kinderanimation, z. B. Marina d'Erba Rossa (www.marina-erbarossa.com) oder Perla di Mare Village de Vacances (www.perla-di-mare.fr), beide in Ghisonaccia. Letztere Anlage hat auch Mini-Villen und eine große Badelandschaft.

👫 Weitere Familientipps sind durch dieses Symbol gekennzeichnet.

Eine Wanderung zu den leuchtend grünen Feuchtwiesen am Lac de Nino (▶ S. 68) wird mit atemberaubenden Panoramablicken auf die umliegenden Berge belohnt.

Unterwegs auf **Korsika**

Berge, Buchten und bunte Küstenstädte – die Insel im Mittelmeer bietet Vielfalt auf engstem Raum: wenige Ferienzentren, ursprüngliche Dörfer und Landschaften sowie einsame Buchten.

Der Süden rund um Bonifacio und Porto-Vecchio

Weiß leuchtende Kreidefelsen prägen den Süden Korsikas, während das Hinterland mit traumhaften Panoramen lockt.

◀ Die Altstadt von Bonifacio balanciert auf einer 900 m langen Landzunge hoch über dem Mittelmeer (▶ S. 38).

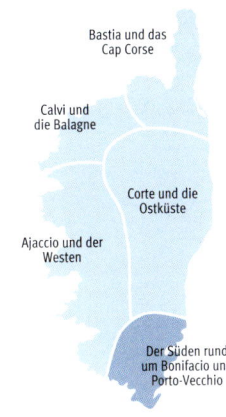

Höhepunkt des Südens von Korsika ist zweifelsohne Bonifacio. Lage und Architektur der mittelalterlichen Hafen- und Festungsstadt sind einzigartig, und die Küste in der Umgebung bietet menschenleere, nur vom Meer zugängliche Buchten. Auch die traumhaften Badebuchten in der Nähe der Hafenstadt Porto-Vecchio bieten Strandurlaubern beste Bedingungen. Doch der Süden hat noch mehr zu bieten als Küste und Meer: Enge Serpentinenstraßen führen steil ins Hochgebirge hinauf und überwinden Atem raubende Höhenunterschiede. Und über allem thronen die Spitzen der Felsnadeln des Bavella-Massivs – eine Landschaft, die abwechslungsreicher nicht sein könnte.

 Bonifacio   D 12

3000 Einwohner
Stadtplan ▶ S. 38/39

Die Altstadt von Bonifacio liegt in schwindelerregender Höhe auf einer unterspülten Felsterrasse, von der sich herrliche Ausblicke bis nach Sardinien eröffnen. Die spektakuläre Lage, ein natürlicher fjordartiger Jacht- und Fährhafen sowie ein Festungsberg, der massiv gesichert, häufig umkämpft und selten erobert wurde, machen die südlichste Stadt Frankreichs zu einer der eindrucksvollsten im Mittelmeerraum.

Bonifacio besteht aus zwei Teilen: Die Unterstadt (»Marina«) umfasst die exklusive Hafengegend und eine Promenade mit schicken Bars und Boutiquen. Darüber erhebt sich die mittelalterliche Oberstadt (»Haute Ville«), die der toskanische Graf Bonifazius II. im Jahr 828 auf dem Kreidefelsen über den Mauern einer alten Piratensiedlung errichten ließ. Im Jahr 1187 gelang den Genuesen die Eroberung der strategisch wichtigen Stadt an der Meerenge zwischen Sardinien und Korsika. Sie bauten große Teile der heute noch sichtbaren Zitadellen aus, die in Verbindung mit den steilen natürlichen Klippen eine nahezu uneinnehmbare Festung bildeten. 1420 beanspruchte Alfons von Aragonien Korsika, da die Insel bereits 1297 vom Papst an die Aragonier als Lehen übertragen worden war. Doch er scheiterte nach fünfmonatiger Belagerung am Widerstand der Bevölkerung und ihrer genuesischen Schutzmacht. Im 16. Jh. wütete die Pest in der Stadt, 1553 eroberten korsische Partisanen und türkische Piraten Bonifacio. Kurz darauf fiel die Stadt wieder an Genua und wurde – wie ganz Korsika – erst 1768 französisch. Der ligurische Dialekt wird in der Kleinstadt zwar auch heute noch gepflegt, aber vor allem in der Hauptsaison hört man in den Gassen der Oberstadt hauptsächlich Italienisch,

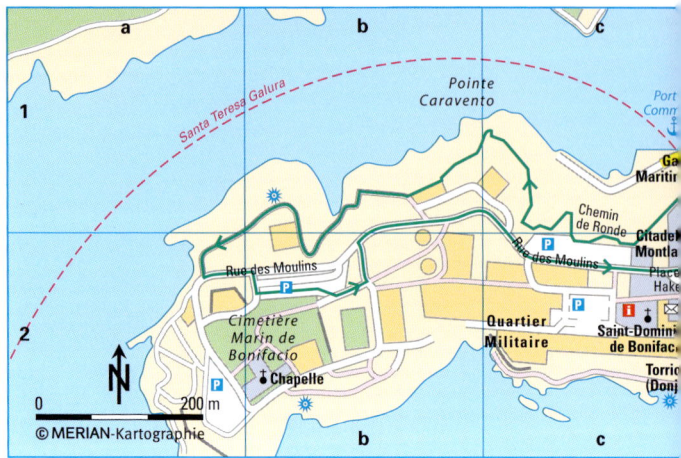

Deutsch und Englisch. Die Altstadt ist eines der beliebtesten und exklusivsten Ausflugsziele der Insel, daher lebt in vielen alten Häusern heute niemand mehr. Die ursprünglichen Bewohner haben Restaurants und Andenkenläden Platz gemacht.

SEHENSWERTES
Altstadt ▶ S.38/39, d 1/2

Die verfallenen, vier- bis fünfstöckigen Palais der Altstadt bieten unzählige romantische Fotomotive, nicht zuletzt die mehrstöckigen, schlanken Häuser am südlichen Stadtrand, die sich auf weit überhängenden Felsvorsprüngen gut 80 m über dem Meer erheben. Von der Aussichtsplattform **Place du Marche** mit dem vielleicht spektakulärsten Panorama-Boule-Platz der Welt und der **Place Manchela** hat man einen fantastischen Blick auf die Küste bis zum Kap von Pertusato und auf das Wahrzeichen von Bonifacio, den 28 m hohen Kreidefelsen **Grain de Sable** (dt. Sandkorn). Die **Porte de Gênes** (dt. Tor von Genua) ist eine Toranlage inklusive Zugbrücke mit einem ausgeklügelten Schließmechanismus aus der französischen Besatzungszeit. Das Tor war einst der einzige Zugang zur Oberstadt und konnte in seiner Geschichte nie ohne List überwunden werden.

Église Sainte-Marie-Majeure ▶ S. 38/39, d 2

Im Zentrum der Altstadt erhebt sich die Marienkirche, deren Glockenturm die Dächer der Stadt überragt. Ihre Grundmauern stammen aus einer kurzen pisanischen Besatzungszeit, die heute sichtbaren Teile wur-

CAPO PERTUSATO
Die leichte Wanderung führt von der Altstadt entlang der spektakulären Kalkfelsen bis an die Südspitze Korsikas – atemberaubende Ausblicke zurück in Richtung Bonifacio sind garantiert! ▶ S. 14

den aber im Wesentlichen im 14. Jh. hinzugefügt; die klassizistischen Kirchenportale stammen von 1879. Ein schön gestalteter römischer Marmorsarg (3. Jh.) geht in der barocken Innenausstattung mit reich verziertem Hochaltar (15. Jh.) etwas unter. Ins Auge fällt dagegen die große Loggia der Kirche, wo sich im Mittelalter, als Bonifacio unter genuesischem Protektorat große Unabhängigkeit besaß, Stadtälteste und Gerichtsbarkeit versammelten. Unter der Loggia befindet sich die größte Zisterne der Stadt (650 Kubikmeter), in der einst die zahlreichen Regenwasserkanäle zusammenflossen, die pittoresk die Gassen der Innenstadt überspannen. Dieses für die Stadt zu Belagerungszeiten überlebensnotwendige System von Aquädukten wurde ebenfalls von den Genuesern installiert.

Escalier du Roi d'Aragon

▶ S. 38/39, d 2

Der Legende nach ließ der König von Aragonien diese Treppe mit 187 Stufen im Jahre 1420 in den Kalkfels schlagen, als er die Stadt belagerte und vom Meer aus erobern wollte. Heute weiß man, dass bereits vor der spanischen Belagerung eine Treppe zu dem Süßwasserbrunnen Puits de Saint-Barthelemy hinabführte und die Aragonier allenfalls versucht hatten, auf diesem bereits vorhandenen Weg in die Festung zu gelangen. Die steil in den Fels gehauene Treppe ist vom Meer aus gut zu sehen, sie zieht sich wie eine dunkle Markierung schräg über den hellen Kreidefelsen. Wer den steilen Abstieg bis zu einem Felsvorsprung und anschließend den beschwerlichen Wiederaufstieg auf sich nimmt, wird mit einem fantastischen Panoramablick belohnt.

April–Nov. • 2,50 €

SPAZIERGANG

Stadtplan ▶ S. 38/39

Für diesen Stadtrundgang stellt man den Wagen am besten auf dem großen Parkplatz am Ende des Hafens ab. Auf der ersten Etappe entlang der Hafenpromenade mit ihren zahllosen edlen Cocktailbars, Restaurants und Geschäften kann man die Superjachten und Luxussegler bestaunen, die in dem schönen Naturhafen liegen – hier zeigt sich der internationale Jetset und stellt seine Statussymbole zur Schau. An der kleinen **Chapelle Saint-Erasme**, die dem Schutzheiligen der Fischer gewidmet ist, sollte man einen Zwischenstopp einlegen: Die neobyzantinische Ziegelkuppel, ein Schiffsmodell an der Kirchendecke und eine Statue des hl. Erasmus sind durchaus einen Blick wert. Die Kirche stammt ursprünglich aus dem 13. Jh., wurde aber im 18. und 19. Jh. stark umgebaut. Anschließend folgen der Aufstieg über die steile Treppe **Montée Rastello** und der Eintritt in die Oberstadt durch das alte Stadttor **Porte de Gênes**. Der weitere Rundgang führt vorbei am ehemaligen Exerzierplatz **Place d'Armes** und über die Straße der zwei Kaiser, die **Rue des Deux Empereurs**. Sie verdankt ihren Namen zweier illustrer Persönlichkeiten, die hier einst gastierten: Karl V., der aufgrund eines Sturms für drei Tage in Bonifacio Zuflucht suchen musste, und Napoleon Bonaparte, der im Jahr 1793, als er noch Oberstleutnant war, von Bonifacio aus seine missglückte Sardinien-Mission plante. Neben dem Touristumamt führt der mittelalterliche Patrouillenweg **Chemin de Ronde** über die alte Stadtmauer einmal um die Spitze des Hochplateaus bis zum historischen **Marine-Friedhof**. Die Ausblicke von hier über den Fjord sind überwältigend! Der Friedhof an sich ist typisch korsisch: einzelne Grabhäuschen in Familienbesitz, weiß gekalkt und mit Blick aufs Meer. Früher war diese Landspitze bewaldet und auch einen Olivenhain gab es hier. Die Ruinen der mittelalterlichen Ölmühlen sind heute noch zu sehen.

Auf dem Weg zurück in die Stadt passiert man die **Église Sainte-Dominique** aus dem 13. Jh. Mit ihrem achteckigen Kampanile ist sie eines der wenigen Zeugnisse gotischer Architektur auf Korsika. Unser Spaziergang führt vorbei an dem Wehrturm **Donjon** aus dem 15. Jh., der erst in den 1980er-Jahren in seiner heutigen Form wieder aufgerichtet wurde und das westliche Panorama von Bonifacio dominiert. Wer sich den Abstieg auf den steilen Treppen des **Escalier du Roi d'Aragon** zutraut, sollte eine knappe Stunde Zeit einplanen. Anschließend führt unser Stadtspaziergang über die Place Manichela zurück zum Tor von Genua und hinab zum Hafen. Dauer: 2 Std.

📷 FotoTipp

SEEVÖGEL IM SUCHER

Die Möwen stehen auf dem Teil der Stadtmauer, der dem Meer zugewandt ist, eigentlich immer Modell. Die besten Schnappschüsse gelingen auf der Brüstung bei der Treppe Escalier du Roi d'Aragon – mit den malerischen Kalkklippen des Capo Pertusato im Hintergrund. ▸ S. 39

ÜBERNACHTEN

Hotel Genovese ▸ S. 38/39, c 2
Moderner Luxus auf alter Bastion • Der Pool ist spektakulär auf einer alten Zitadelle angelegt und von einer mittelalterlichen Wehranlage umgeben. Der Blick auf den Hafen und die Altstadt durch die Schießscharten ist

einmalig. Die Lage am Stadtrand zur Hafenseite und der luxuriöse Stil rechtfertigen den hohen Preis.
Quartier de la Citadelle, 20 • Tel. 04 95 73 12 34 • www.hotel-genovese.com • 15 Zimmer und Suiten im Annexe am Hafen • €€€€

Hotel U Capu Biancu  E 12
Top-Lage und zwei Privatstrände • Ein Traum von einem Hotel: mit Infinity-Pool hoch über dem Golfe de Santa Manza, einem Paillote-Restaurant direkt am Strand und Shabby-Chic-Zimmern. Weitere Extras: zwei Sandbuchten, Anlegesteg und Hubschrauberlandeplatz!
Route Canetto • Tel. 04 95 73 05 58 • www.ucapubiancu.com • 42 Zimmer und Suiten • €€€€
11 km nordöstlich von Bonifacio

Hotel Colomba ▶ S. 38/39, d 2
Romantisches Altstadthotel • In einer ruhigen Gasse im Haute Ville gelegen. Die kleinen Zimmer sind gemütlich und plüschig eingerichtet, das **Restaurant U Castille** gleich um die Ecke hat einen kleinen Balkon direkt über den Klippen von Bonifacio – unbedingt reservieren!
Oberstadt, Rue Simon Varsi 4/6 • Tel. 04 95 73 73 44 • www.hotel-bonifacio-corse.fr • 12 Zimmer • €€

ESSEN UND TRINKEN

Pozzo di Mastri D 11
Spitzenqualität im Familienbetrieb • Am Tisch sitzt man zu acht, serviert werden nur Speisen aus Eigenproduktion: Familie Milanini macht auf ihrem Hofgut bei Figari keine Kompromisse, auch nicht beim Preis. Mittags à la carte, abends ein Menü für alle mit Gemüse und Fleisch vom Grill. Nach dem üppigen Mahl kann man in einem der charmanten Fremdenzimmer des Hauses nächtigen.
Ferme Auberge Pozzo di Mastri, Figari • Tel. 04 95 71 02 65 • www.pozzodimastri.com • €€€
23 km nördlich von Bonifacio

Maora Beach
▶ MERIAN Tipp, S. 41

Cantina Doria ▶ S. 38/39, d 2
Tradition in großen Portionen • Korsische Hausmannskost zu moderaten Preisen. Hier trifft junges Publikum auf familiäre Atmosphäre und rustikales Ambiente. Unbedingt probieren: »Lasagne au fromage corse«. Wer danach noch Appetit hat, sollte den »Gâteau à la farine de châtaigne« kosten.
Altstadt, Rue Doria • Tel. 04 95 73 50 49 • April–Okt. tgl. 11.30–14 und 19.30–22 Uhr • €

Rocca Serra ▶ S. 38/39, e 1
Das beste Eis in Bonifacio • Eine lokale Institution ist die Eisdiele von François direkt am Jachthafen. Beliebteste Eigenkreation des Hauses: Bio-Zitroneneis mit frischer Minze.
Quai Comparetti 17 • Tel. 04 95 73 10 08 • www.lecorailbonifacio.com • ganztags zur Saison

---

MERIAN Tipp

SCHICKERIA-TREFFPUNKT IM PIRATEN-STIL

Das äußerst exklusive Strandrestaurant Maora Beach in der wunderschönen Bucht von Santa Manza kann man stilvoll mit dem eigenen Boot ansteuern – ein eigener Steg gehört zum Top-Service des Lokals. ▶ S. 15

EINKAUFEN
Au Petit Bazar ▶ S. 38/39, d 2
Jede Menge Krimskrams in einem alten Gewölbe: Möbel, alte Blechschilder, Schmuck, Taschen, Kunsthandwerk und noch mehr Kitsch.
R. St Dominique 1 • Tel. 04 95 73 16 49

SERVICE
AUSKUNFT
Office du Tourisme ▶ S. 38/39, d 2
Rue Fred Scamaroni, 2 • Tel. 04 95 73 11 88 • www.bonifacio.fr • Mitte Okt.–Mitte April Mo–Fr 10–17 Uhr, Mitte April–Mitte Okt. tgl. 9–19 Uhr, Juli–Aug. bis 20 Uhr; Juni–Sept.; Außenstelle am Jachthafen Port de Plaisance

FÄHREN
Santa Teresa auf der Nachbarinsel Sardinien lockt mit einer charmanten Altstadt, einem schönen Badestrand direkt am Ort und mit typisch italienisch-sardischer Küche. Von dem wuchtigen Aragoneserturm Torre di Longosardo hat man einen tollen Blick zurück auf die Südspitze Korsikas. PKW-Überfahrten unbedingt im Voraus buchen, die Fahrt mit der Fähre dauert eine knappe Stunde.
– Moby Lines • Gare Maritime • Tel. 04 95 73 00 29 • www.moby.it • nur zur Saison
– Saremar • Gare Maritime • Tel. 04 95 73 00 96 • www.saremar.it • ganzjährig

Ziele in der Umgebung
◎ Ancien Ermitage de La Trinité D 12
Die kleine Wallfahrtskirche der Einsiedelei der Dreifaltigkeit liegt am Fuße eines Felsturms aus Granit und bietet einen einmaligen Blick auf die Landzunge von Capo di Feno und

Seichtes, karibisch blaues Wasser und Pinien, in deren Schatten man vor der Sonne Schutz suchen kann, zeichnen den Strand von Palombaggia (▶ S. 43) aus.

auf Bonifacio. Besonders romantisch ist ein Besuch zum Sonnenuntergang. Die kleine Wallfahrtskirche aus dem 13. Jh. wurde 1880 renoviert und ist meist geschlossen. Eine Reproduktion der Grotte von Lourdes lockt Pilger an.
8 km westlich von Bonifacio

◎ Araggio E 10

Wer zum Sonnenaufgang den kurzen, aber steilen, von Erdbeerbäumen und Flaumeichen flankierten Wanderweg zur Bronzezeitfestung Araggio (Casteddu d'Araghju) hinaufklettert, wird mit einem fast schon spirituellen Erlebnis belohnt: Wie einst ihre prähistorischen Bewohner hat man von hier die gesamte Ebene von Porto-Vecchio im Blick. Die gut erhaltene Anlage mit zwei Bastionen, breiten Mauern, Korridoren, Treppen und Wachttürmen aus rotem Granit stammt aus der frühen Zeit der Torreaner (ca. 2000 v. Chr.). Fundstücke aus der Festung sind im sehenswerten Prähistorischen Museum in Sartène (▶ S. 59) zu sehen.
45 km nördlich von Bonifacio

◎ Chiappa-Halbinsel und Palombaggia E 11

Südöstlich vom Hafenort Porto-Vecchio (▶ S. 46) führt eine Panoramastraße zunächst am Golfe de Porto-Vecchio entlang auf die Halbinsel Chiappa und zum Nudistenparadies **Punta di a Chiappa**. Vom Leuchtturm hoch über der Landspitze hat man einen wunderbaren Blick bis zum Naturreservat der **Cerbicale-Inseln**. Weiter südlich erreicht man den korsischen Postkartenstrand schlechthin: **Palombaggia** ist ein Traumstrand der Superlative, aber schon lange kein

📷 FotoTipp

SANTA GIULIA

Der schmale Landungssteg am Hotel Moby Dick reicht weit in das türkisblaue Meer der Bucht hinein – ein wunderbares Motiv für Bilder aus der Froschperspektive oder romantische Fotos zu zweit. ▶ S. 43

Geheimtipp mehr und dementsprechend gut besucht. Traumhafte Südsee-Farben findet man an der kleinen Bucht von **Santa Giulia**.
25 km nordöstlich von Bonifacio

ÜBERNACHTEN
Domaine de Piscia D 11
Schlafen wie im Märchenwald • In einer ehemaligen »bergerie« eingerichtete Luxuszimmer hoch in den Bergen von Figari. Extravagante Dekors aus Wurzelhölzern, Steinen und anderen Naturmaterialien, umgeben von Olivenhainen und Eichenwäldern.
Les Bergeries de Piscia • Tel. 04 95 71 06 71 • www.domainedepiscia.com • 6 Zimmer und Suiten • €€€
30 km nördlich von Bonifacio

ESSEN UND TRINKEN
U Santa Marina E 11
Jeder Gang ein Kunstwerk • Der Michelin-Sternekoch des Hauses bietet eine abendliche Haute Cuisine mit Elementen der Molekularküche. Und auch die Lage des Hauses direkt an der karibisch blauen Bucht von Santa Giulia ist an Perfektion kaum zu übertreffen. Wer es etwas günstiger mag, besucht das Restaurant mittags für einen edlen Salat, ein leckeres Tintenfisch-Carpaccio oder Tartare.

Marina di Santa Giulia • Tel. 04 95 70 45 00 • www.usantamarina.com • April–Okt. tgl. • €€€€

EINKAUFEN
Dominique Poggi – Charcuterie corse
Über hundert Schweine züchtet Dominique im Jahr auf der eigenen Wiese in Zévaco, nördlich von Aullène. Gefüttert werden sie mit Eicheln, im Herbst kommen dann Kastanien hinzu und geben dem Lonzu-Aufschnitt, Prisuttu-Schinken und den Figatelli-Leberwürsten ihre Würze.
Val di la pila, Zévaco • Tel. 04 95 24 44 36 • Dez.–Sept. 9–19 Uhr

Îles Lavezzi E 12
Der Lavezzi-Archipel zwischen Korsika und Sardinien umfasst nicht weniger als hundert Inselchen und Granitfelsen, die von Wind und Wetter rund geschliffen wurden. Die nahezu unbewohnte Inselgruppe wurde 1982 zum Naturschutzgebiet erklärt und beherbergt einige der schönsten Buchten und Strände des Mittelmeers. Die **Île de Cavallo** ist das einzige bewohnte Eiland und erlangte in den 1980er-Jahren große Berühmtheit als exklusives Ferien-Resort für Superreiche. Der Biermagnat Freddy Heineken und Prinz Viktor Emanuel von Savoyen, Sohn des letzten italienischen Königs, verbrachten hier entspannte und luxuriöse Sommerferien.
Einziges Hotel des Archipels ist das kleine, aber sehr feine **Hotel des Pêcheurs** mit eigenem Restaurant, das rund um eine herrliche kleine Privatbucht angelegt ist (www.hoteldespecheurs.com).
10 km östlich von Bonifacio

Levie D 10
780 Einwohner
Das kleine Bergdorf ist der Hauptort des **Alta Rocca**, der dünn besiedelten Bergregion mit Maquis-Wäldern, kreuz und quer verstreuten Granitfelsen, Eichenwäldern und versteckten Schäferhütten. Neben dem 6 km weiter nordwestlich gelegenen Zonza (▶ S. 108) gehört es zu den beliebtesten Stützpunkten für Wanderer und Aktivurlauber auf Korsika. Am ersten Septemberwochenende findet in Levie der Mittelaltermarkt **Médiévales de Levie** statt.
60 km nördlich von Bonifacio

SEHENSWERTES
Musée de l'Alta Rocca
Das schön präsentierte Museum gibt eine Einführung in die Vorgeschichte, Geologie und Kultur des südkorsischen Hochgebirges. Größte Sehenswürdigkeit ist das Skelett der »Dame von Bonifacio«, die ältesten sterblichen Überreste eines Menschen aus Korsika (etwa 7000 v. Chr.), außerdem Fundstücke aus der späten Bronzezeit von den Ausgrabungsstätten des Plateau de Pianu. Ein Highlight aus der Zeit der Renaissance ist das filigran gearbeitete Kruzifix aus Elfenbein, das ursprünglich aus der Dorfkirche stammt und ein Geschenk von Papst Sixtus V. gewesen sein soll.
Avenue Lieutenant-Aviateur de Peretti • Tel. 04 95 78 00 75 • www.cg-corsedusud.fr • Okt.–Mai Di–Sa 10–17 Uhr, Juni–Sept. tgl. 10–18 Uhr • 4 €

Sites Archéologiques du Pianu di Livia
Die Ausgrabungsstätte nördlich von Levie ist ein Freilichtmuseum, das eines der imposantesten Zeugnisse

der torreanischen Besiedlung Korsikas beherbergt. Der schattige Rundgang durch angenehme Eichen- und Kastanienhaine führt zu den Mauerresten des **Castellu di Cucuruzzu** (2000 v. Chr.) und der **Burg von Capula**. Capula war bis ins Mittelalter hinein bewohnt. Die Herkunft der Erbauer der Anlage – das Volk der Torreaner (abgeleitet vom italienischen Wort »torre«, zu deutsch Turm) – ist allerdings weitgehend unbekannt. Es wird vermutet, dass diese mysteriöse Kultur auf das Seevolk der Schardana zurückgeht, das zur Bronzezeit die Mittelmeerregion unsicher machte und dabei auch Korsika und Sardinien erreichte. So ungeklärt wie ihre Herkunft ist auch der Untergang der Torreaner, denn um ca. 1000 bis 800 vor Chr. verlieren sich ihre Spuren auf der Insel. Vor der Festungsmauer von Capula zeugt eindrucksvoll die untere Hälfte einer **Menhirstatue** von der einstigen megalithischen Besiedlung der Gegend. Der lohnende Spaziergang durch die dichte Vegetation nimmt etwa zwei Stunden in Anspruch.

Parkverwaltung Parc Naturel Régional de Corse • Tel. 04 95 78 48 21 • April, Mai, Okt. 9.30–18 Uhr, Juni und Sept. bis 19 Uhr, Juli und Aug. bis 20 Uhr, letzter Einlass 2 Std. vor Schließung • 5 €, Audioguides auch auf Deutsch

ÜBERNACHTEN

Hotel Le Tourisme 🍴 D 10
Ideale Unterkunft für Aktivurlauber • Unmittelbar im Ortszentrum von Zonza, nordöstlich von Levie, liegt das älteste Hotel am Platz. Die meisten Zimmer sind frisch renoviert, die Räumlichkeiten in der Dependance liegen am ruhigsten. Vom Whirlpool aus bietet sich ein schöner Panoramablick!

Route de Quenza, Zonza • Tel. 04 95 78 67 72 • www.hoteldutourisme.fr • 20 Zimmer • €€€

9 km nordöstlich von Levie

Die Ruine des Castellu di Cucuruzzu (▶ S. 45) wurde erst 1959 entdeckt.

ESSEN UND TRINKEN

A Pignata
Deftige Spezialitäten der Region • Hier wird ein festgelegtes mehrgängiges Menü serviert, bei dem eine Köstlichkeit nach der anderen aufgetischt wird: Wurstwaren aus hauseigener Herstellung und Gemüse der Saison, Cannelloni mit Brocciu und karamellisiertes Lamm. Deftige Spezialität des Hauses ist der gemischte Fleischeintopf »daube farcie aux deux viandes«. Von der großen Terrasse des Restaurants kann man wunderbar die Berge des Alta Rocca bestaunen.

Route du Pianu • Tel. 04 95 78 41 90 • www.apignata.com • April–Okt., nur auf Vorbestellung • €€€

 **MERIAN Tipp**

DAS HOCHPLATEAU VON COSCIONE

Auf den weichen, von kleinen Bächen durchzogenen Moosteppichen der größten Hochebene der Insel weiden halbwilde Pferde, Schweine, Kühe und Hirsche. Hier kann man meditieren, wandern, reiten und im Winter sogar langlaufen. ▶ S. 15

◎ **Porto-Vecchio** E 11

11 000 Einwohner

Das mittelalterliche Städtchen Porto-Vecchio ist das wirtschaftliche Zentrum Süd-Korsikas: Die fantastischen Strände in der Umgebung, ein geschäftiger Jachthafen und ein lebendiges Nachtleben machen Porto-Vecchio zur Hochburg des Bade- und Erlebnistourismus. In den Abendstunden füllen sich die unzähligen Restaurants in der **Rue U Borgo**, deren verschachtelte Terrassen wie Schwalbennester an der Stadtmauer kleben. Die Cafés unter den hohen Platanen auf der **Place de la République** laden mit Blick auf die granitgraue **Église Saint-Jean-Baptiste** (19. Jh.) zum Verweilen ein. Nachtschwärmer feiern südlich von Porto-Vecchio bis in die frühen Morgenstunden in Europas größter **Freiluft-Disko Via Notte** (www.vianotte.com). So lebendig wie heute war es jedoch nicht immer in Porto-Vecchio: Bis zum Zweiten Weltkrieg wüteten in den Lagunen des Golfs von Porto-Vecchio die Malaria, und die einzige nennenswerte Wirtschaftsquelle waren die Salinen, die einzigen Salzgärten der Insel. Das Stadttor **Porte Génoise** ist einer der wenigen noch sichtbaren Bauten aus der Zeit der Seerepublik Genua. Porto-Vecchio wurde 1539 durch die genuesische Bank des Heiligen Georg (Banco di San Giorgio), eines der ältesten Finanzinstitute der Welt, gegründet. 30 km nordöstlich von Bonifacio

ÜBERNACHTEN

Casadelmar

Design und Luxus pur • Dieses durchgestylte Fünf-Sterne-Hotel mit Infinity-Pool direkt über dem Golf von Porto-Vecchio gehört zu den exklusivsten Adressen der Insel. Route de Palombaggia BP 93 • Tel. 04 95 72 34 34 • www.casadelmar.fr • 34 Zimmer und Suiten • €€€€

Hotel Marina 👨‍👩‍👧

Frühstück direkt am Strand • Angenehme Unterkunft mit angeschlossener Residence-Anlage am Ortsrand von Porto-Vecchio direkt an einer kleinen, seichten Sandbucht gelegen. Die modernen Zimmer sind großzügig geschnitten, Frühstück gibt es an der Strandbar am Meer. Marina di Fiori-Voie d'Arena • Tel. 04 95 70 9191 • www.hotelmarinacorsica.com • 20 Zimmer • €€€

Le Roc E Fiori Hotel

Romantisch mit tollem Blick auf Porto-Vecchio • Herzliches kleines Hotel mit Panoramapool, gepflegtem Terrassengarten und fantasievoll gestalteten Zimmern in verschachtelten kleinen Gebäuden. Das Restaurant liegt in einem pittoresken alten Gewölbekeller.

Bocca del'Oro • Tel. 04 95 70 45 20 • www.rocefiori.com • 20 Zimmer und Suiten • €€€
5 km südlich von Porto-Vecchio

ESSEN UND TRINKEN
Cafe de la Marine
Szene-Treff am Hafen • Edles Ambiente, ausgefallene Cocktails, Asia-Küche und Sushi, DJs legen Electro-Beats auf. Unbedingt probieren: den Haus-Cocktail mit Gin, Gurken, Zitronensaft und Brombeercreme.
Corse Quai Pascal Paoli • Tel. 04 95 70 35 24 • www.cafelamarine.fr • €€€

Le Grilladin
Exklusiv Fisch genießen • Am offenen Feuer werden Fleisch und fangfrischer Fisch vor den Augen der Gäste grillt. Fantastischer Blick auf den Jachthafen. Das Ganze hat natürlich seinen Preis.
Quai Pascal Paoli • Tel. 04 95 70 59 75 • Dez.–Okt., nur abends • €€€

Chez Laurent
Viel Flair in alten Gewölben • Hier lockt ein schönes Ambiente an einer kleinen Piazza in der Altstadt, es gibt Fisch und Fleisch zu guten Preisen. Am schönsten sitzt man unter den Sonnensegeln an den verfallenen Mauern eines alten Hauses, nett beleuchtet und mit Bildern dekoriert.
Rue Jérôme Leandri • Tel. 04 95 70 41 00 • €€

Ranch'O Plage
Leger und edel direkt am Strand • Während eines Strandtags in Cala Rossa nimmt man gern auf dieser Terrasse direkt am Meer Platz. Es gibt üppige Salate, Fisch und Pizza aus dem Holzofen, oder man genießt einfach nur ein Glas Champagner.
Plage de Cala Rossa • Tel. 04 95 71 62 67 • www.restaurant-rancho-plage.com • Mai–Sept. tgl. 12–14.30 und 19.30–21.30 Uhr, im Sommer länger • €€

SERVICE
HELIKOPTER-RUNDFLÜGE
Heli Sud Corse
Rundflüge über den Golf von Porto-Vecchio, zu den Spitzen des Bavella-Massivs oder über Bonifacio.
Rue des Révolutions de Corse 1729 1769 (am südlichen Ortseingang) • Tel. 04 95 72 18 63 • www.helisud corse.fr • ab 75 € pro Person/10 Min.

◎ Uomo di Cagna   D 11
Der spektakuläre Wackelstein in dem Gebirgszug über der fruchtbaren Ebene von Figari ist bereits aus der Ferne zu sehen und diente in der Antike als Orientierungspunkt für die Seefahrt. Verwegen balanciert der riesige Granitfelsen auf einer Grundfläche von 1 qm und sieht aus, als könnte er jeden Augenblick ins Tal stürzen – was bei 400 Tonnen Eigengewicht aber eher unwahrscheinlich ist. Eine insgesamt sechsstündige Wanderung führt ab **Giannuccio** (Parkplatz vorhanden, am Ortsende auf die Ausschilderung »Sentier Uomo di Cagna« achten, Wegmarkierung mit blauen Punkten) durch dichte Kiefernwälder und über eine mit Baumheide bewachsene Hochebene in die wilde Gebirgskette Montagne de Cagna zur höchsten Bergspitze, der **Punta d'Ovace**. Die anstrengende Bergwanderung führt auf guten Pfaden nach knapp zwei Stunden zu einem Aussichtspunkt, von hier geht es nur für tritt- und orientierungssichere Bergsteiger weiter.
33 km nordwestlich von Bonifacio

Ajaccio und der Westen

Im Westen zeigt sich die Küste der Insel von ihrer wilden und rauen Seite. In der Inselmetropole Ajaccio wurde der bekannteste aller Korsen geboren: Napoleon Bonaparte.

◂ In den geschäftigen Gassen von Ajaccio (▶ S. 49) lässt sich der Alltag der Korsen beobachten.

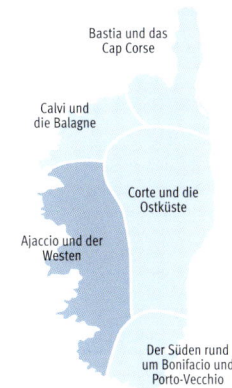

Atemberaubende Küsten, malerische Dörfer und eine lebendige Inselhauptstadt: Der wildromantische Westen Korsikas bietet eine unglaubliche Vielfalt auf engstem Raum. Teile der rauen und zerklüfteten Westküste, etwa im Naturreservat Reserve Naturelle de Scandola zwischen Galéria und dem Golfe de Porto, sind nur per Boot zu erreichen. Das ehemalige Piratendorf Girolata kann man ebenfalls nur auf dem Seeweg oder über Maultierpfade ansteuern. Einen krassen Gegensatz dazu bildet die moderne Kaiserstadt Ajaccio mit ihren Boulevards und lebendigen Straßenzügen. Wer noch mehr Abwechslung sucht, kann ganz im Südwesten der Insel in die korsische Urzeit eintauchen oder mit Sartène die korsischste aller korsischen Städte besuchen. Wie nirgendwo sonst auf der Insel ist hier ein eigener fahrbarer Untersatz ein absolutes Muss, aber selbst mit Auto oder Motorrad nehmen die schmalen Straßen mit ihren nicht enden wollenden Kurven viel Zeit in Anspruch.

Ajaccio   B 9
66 000 Einwohner
Stadtplan ▶ Klappe hinten

Das größte Ballungszentrum der Insel wirkt wie eine Metropole en miniature. Breite Boulevards und Zufahrtsstraßen, Wohnblocks und Hochhäuser, große Einkaufstempel in den Außenbezirken, eine Altstadt voller kleiner Boutiquen sowie ein geschäftiger Fährhafen und Kreuzfahrt-Terminal vermitteln das Bild einer lebendigen Großstadt. Dabei ist die Stadt im Westen Korsikas nicht größer als eine mitteleuropäische Kleinstadt.

Ajaccio wurde 1492 als rein genuesische Kolonie gegründet, Korsen durften damals nur im Vorort Borgo siedeln. 1553 eroberten die Franzosen, unterstützt vom korsischen Freiheitskämpfer Sampiero Corso und von türkischen Korsaren, die Stadt und errichteten die Zitadelle, die nur sechs Jahre später wieder an Genua fiel. 1769, nur ein Jahr nachdem Korsika an Frankreich überging, wurde Ajaccios berühmtester Sohn geboren: Napoleon Bonaparte. Der Geburtstag des in Ajaccio allgegenwärtigen ersten französischen Kaisers, der 15. August, fällt mit dem katholischen Feiertag Mariä Himmelfahrt zusammen. Am Vortag wird in der Stadt ein großes Fest mit einer Parade gefeiert.

SEHENSWERTES
Notre-Dame-de-la-Miséricorde   ▶ Klappe hinten, d 6
Die Kathedrale, die von den Ajacciens auch »La Madonuccia« genannt wird, wurde 1593 mit dem

Die napoleonische Sammlung im Palais Fesch (▶ S. 51) gehört zu den größten ihrer Art – gezeigt werden Alltagsgegenstände des Monarchen wie dieses Feldzelt.

Grundriss eines griechischen Doppelkreuzes im venezianischen Renaissance-Stil errichtet. Im Jahr 1711 wurde Napoleon hier getauft. Das Kircheninnere ist mit perspektivischer Trompe-l'œil-Malerei verziert, und links vom Eingang ist eine Tafel mit den vermeintlich letzten Worten des Kaisers zu sehen: »Wenn man meine Leiche ebenso verbannt, wie man meine Person verbannte, so möchte ich in der Kathedrale zu Ajaccio beigesetzt werden«. Es sollte jedoch anders kommen: Die Krypta Napoleons befindet sich heute im Invalidendom in Paris. Der mächtige Hauptaltar der Kathedrale stand ursprünglich im toskanischen Lucca und ist ein Geschenk von Elisa Bacciocchi, der Schwester Napoleons. Einen Blick wert ist das spätromantische Gemälde »Vierge au Sacré-Cœur« (1822) von Eugène Delacroix.

Place d'Austerlitz

▶ Klappe hinten, westl. a 6

Oberhalb einer mächtigen, schiefen Granitebene thront eine kolossale Statue von Napoleon in klassischer Feldherrenpose mit Mantel und Zweispitz. Zwischen den Treppenaufgängen auf jeder Seite der Ebene sind die siegreichen Schlachten des berühmtesten Sohnes der Stadt eingemeißelt – seine Niederlagen hat man allerdings gekonnt unterschlagen.
1 km westlich vom Stadtzentrum

Place du Général-de-Gaulle

▶ Klappe hinten, d 5

Die Freifläche, oft einfach nur »Le Diamant« genannt, wird von einem bronzenen Reiterstandbild dominiert, das Napoleon als römischen Kaiser, umgeben von seinen vier Brüdern, zeigt. Auf dem schönen Platz finden regelmäßige Veranstaltungen und der alljährliche Weihnachtsmarkt statt. Unter dem Areal befinden sich ein großes Parkhaus und das städtische Kasino.

Place Foch ▶ Klappe hinten, e 5
Hoch über dem hübschen, mit Palmen bewachsenen Platz mit Blick auf den Hafen thront über einem großen Brunnen erneut Napoleon: diesmal in weißem Marmor, dargestellt als Konsul in würdigem römischen Gewand. Im roten Salon des Rathauses Hôtel de Ville wird dem ersten Kaiser Frankreichs und seiner Familie in Porträts, Büsten, Medaillen und Statuen gehuldigt.
Salon Napoléonien • Mitte Juni– Mitte Sept. Di–So 9–11.45 und 14–17.45 Uhr, im Winter Mo–Fr 9–11.45 und 14–16.45 Uhr • 2,30 €

MUSEEN

Maison Bonaparte ▶ Klappe hinten, e 5
In dem unscheinbaren Haus im Herzen der Altstadt erinnert nur noch wenig an das Jahr 1769, in dem der erste Kaiser Frankreichs das Licht der Welt erblickte. Da die Familie das Haus 1793 verlassen musste und das Gebäude stark beschädigt wurde, stammen die herrschaftlichen Salons aus der Zeit nach 1797, als das Haus an die Mutter Napoleons zurückgegeben wurde. Auch die Einrichtung des vermeintlichen Geburtszimmers des späteren Kaisers stammt erst aus der Zeit um 1800. Die Sammlung »Du fétichisme au musée« zeigt alte Souvenirs wie Tapetenreste aus dem angeblichen Geburtszimmer und sogar Locken des französischen Kaisers. Neben einer Medaillensammlung, Totenmasken sowie Repliken der goldenen Konsulkrone Napoleons werden auf großen Landkarten aus dem 18. Jh. die Regionen und Städte Korsikas illustriert. Im Untergeschoss sind landwirtschaftliche Geräte und eine Olivenpresse aus einem Landgut der Familie Bonaparte zu sehen.
Rue Saint-Charles • Tel. 04 95 21 43 89 • www.musees-nationaux-napoleoniens.org • Okt.–März 10.30– 12.30 und 13.15–16.30 Uhr, April– Sept. bis 18 Uhr, Mo geschl. • 7 €, kostenlos am 1. So des Monats

Palais Fesch – musée des Beaux-Arts ▶ Klappe hinten, e 3
Der monumentale Palazzo (1837) im Zentrum von Ajaccio beherbergt die mit Abstand bedeutendste Kunstsammlung der Insel. Kardinal Joseph Fesch, Halbbruder der Mutter Napoleons und großer Kunstliebhaber, trug in der Zeit der französischen Besatzung Italiens wichtige Kunstgegenstände zusammen. Heute ist in Ajaccio die bedeutendste Sammlung italienischer Malerei auf französischem Boden nach dem Pariser Louvre zu sehen. Das Museum präsentiert nur etwa 400 der fast 18 000 Werke der Sammlung. Zu den wichtigsten Exponaten zählen Gemälde von Sandro Botticelli und Giovanni Bellini sowie das beeindruckende Trompe-l'œil-Werk »Jesus im Tempel« von Andrea Pozzo (1642–1709), außerdem korsische Malerei aus den letzten beiden Jahrhunderten und hochkarätige Wechselausstellungen. Im Nordflügel des Hauses liegt die riesige **Stadtbibliothek** »La salle patrimoniale de la bibliothèque de la ville d'Ajaccio« mit fast 20 000 Bänden. Den rechten Seitenflügel des Palais Fesch bildet die 1860 auf Wunsch von Napoleon III. erbaute **Chapelle Impériale** im neoklassischen Stil. Neben Kardinal Fesch ruhen hier

Napoleons Mutter Letizia Ramolino und sein Vater Charles Bonaparte.
Rue Cardinal Fesch 50–52 • Tel. 04 95 26 26 26 • www.musee-fesch.com • Okt.–April Mo, Mi, Sa 10–17 Uhr, Do, Fr und jeden 3. So des Monats 10–17 Uhr, Mai–Sept. Mo, Mi, Sa 10.30–18, Do, Fr und So 12–18 Uhr • 8 €
– Kaiserliche Kapelle mit kürzeren Öffnungszeiten 1,50 €
– Bibliothek Mo–Fr 9–12 und 14–17 Uhr • Eintritt frei

SPAZIERGANG

Stadtplan ▸ Klappe hinten
Von der Place du Général-de-Gaulle führt unser Rundgang auf der Rue Forcoli Conti vorbei an der Kathedrale und direkt zur **Citadelle**. Das trutzige Bauwerk kann nur von außen besichtigt werden. Von der Rue Bonaparte führt die Gasse Rue Saint-Charles zu dem unscheinbaren **Geburtshaus von Napoleon**. Nächste Station ist die Place Foche mit dem Rathaus und dem **Salon Napoléonien**. Nach einem Bummel durch die Rue Cardinal Fesch und einem Besuch des **Musée Fesch** geht es über die mit Geschäften gesäumte Hauptstraße Cours Napoleon zurück zum Startpunkt. Wer keine Lust auf eine Einkaufstour hat, spaziert zum geschäftigen Hafen mit seinen zahlreichen Fähren und Kreuzfahrtschiffen.

Vom Ausgangspunkt führt ein erweiterter Spaziergang entlang des großen Cours Grandval vorbei am Parlamentsgebäude **Assemblée de Corse** bis zur Place d'Austerlitz und zurück durch die südlich gelegene Villengegend **Quartiers des Étrangers** mit vielen, teilweise verfallenen Villen aus dem 19. Jh. Damals war Ajaccio ein beliebtes Winterquartier für reiche Briten und Deutsche.

Dauer: 1,5 Std., mit Museen 3 Std.

⭐ MERIAN Tipp

DER GROSSE MARKT VON AJACCIO

Den großen Markt von Ajaccio sollte man nicht verpassen: Jeden Vormittag gibt es alles, was das Feinschmeckerherz begehrt – und wer genug eingekauft hat, kann danach das Treiben bei einem Kaffee beobachten. ▸ S. 15

ÜBERNACHTEN

L'hôtel Particulier ▸ Klappe hinten, e 5
Luxuriöses Altstadthotel • Ehemaliger Palazzo der Adelsfamilie Borgo del Pozzo. Interieurs mit wenig altem Kitsch kombiniert mit viel moderner und klarer Optik. Schöner, abends stilvoll beleuchteter Innenhof.
Rue Bonaparte 17 • Tel. 04 95 50 00 20 • www.hotel-particulier-ajaccio.fr • 45 Zimmer und Suiten • ♿ • €€€€

Mercure Ajaccio
 ▸ Klappe hinten, nördl. e 1
Business-Hotel mit fairen Preisen • Das Haus gehört zur großen Accor-Kette. Neuwertige moderne Zimmer, Dachterrasse mit Hafenblick, Parkplatz. In 20 Minuten ist man zu Fuß im Zentrum. Günstige Tagesangebote, besser weit im Voraus buchen!
Cours Napoléon 115 • Tel. 04 95 10 09 09 • www.accorhotels.com • 44 Zimmer • ♿ • €€

ESSEN UND TRINKEN

Le 20123 🍴 ▸ Klappe hinten, d 5
Dorfkitsch und korsische Küche • Rustikaler Nachbau eines korsischen Bergdorfs mit Bauernstube, Kirche,

Post und Dorfbrunnen. Die Küche ist ehrlich korsisch, Familie Habani stellt ihr Tagesangebot persönlich vor.
Rue Roi-de-Rome 2 • Tel. 04 95 21 50 05 • www.20123.fr • Di–So 19–23 Uhr • €€€

Grand Café Napoleon
▸ Klappe hinten, d 4

Belle Époque-Charme • Der ehemalige Ball- und Konzertsaal beeindruckt mit großen Spiegeln, hohen Decken und Gewölbebögen, die Küche mit guten Fisch- und Fleischgerichten. Unbedingt kosten: das Mittagsmenü »menu du marché«.
Cours Napoléon 10–12 • Tel. 04 95 21 42 54 • 11.30–1 Uhr, Sa und So abends geschl. • €€

EINKAUFEN
Rue Cardinal Fesch
▸ Klappe hinten, d 4

Auf der verkehrsberuhigten Straße gibt es zahlreiche Geschäfte. Im Juli und August bleiben zum Shopping de nuit die Läden bis Mitternacht geöffnet, und Bands und Straßenkünstler sorgen für Unterhaltung.

SERVICE
AUSKUNFT
Office de tourisme d'Ajaccio
▸ Klappe hinten, e 4
Boulevard du Roi Jérôme 3 • Tel. 04 95 51 53 03 • www.ajaccio-tourisme.com • Juli und Aug. Mo–Sa 8–20, So 9–13, 16–19 Uhr, feiertags kürzer, Sept.–Okt. und April–Juni Mo–Sa 8–19, So 9–13 Uhr, Nov.–März Mo–Fr 8–12.30, 14–18, Sa 8.30–12.30, 14–17 Uhr

BOOTSAUSFLÜGE
Ein stündlicher Pendelverkehr fährt im Sommer an den Strand von Porticcio und zurück, eine Halbtagestour führt zu den Îles Sanguinaires und Tagesausflüge nach Girolata und ins Naturschutzgebiet von Scandola.
Découvertes Naturelles • Rue Emmanuel Arène 1 • www.promenades-en-mer.org • Tel. 06 03 13 46 80 • März–Okt.

Hinter dem Schild verbirgt sich das urige Le 20123 (▸ S. 52).

Ziele in der Umgebung
Archipel des Sanguinaires ⭐   A 9

Die kurvige Route des Sanguinaires führt von Ajaccio bis zur **Halbinsel Pointe de La Parata** an unzähligen kleinen Stränden vorbei. Wie Wachposten stehen die vier schroffen kleinen Porphyrinseln des kleinen Sanguinaires-Archipels am Eingang des weiten Golfs. Besonders schön ist der Blick vom mittelalterlichen Genueserturm **Tour de Parata** aus, der über einen etwa 20-minütigen Fußmarsch zu erreichen ist. Die Inseln selbst sind

Naturschutzgebiet, können aber mit geführten Bootsausflügen ab Ajaccio erkundet werden. Am Eingang des Naturschutzgebietes gibt es einen gebührenpflichtigen Parkplatz (1 € pro Stunde).

13 km westlich von Ajaccio

◎ Bastelica C 8
550 Einwohner

In 800 m Höhe über dem weiten Prunelli-Tal liegt der aus mehreren Weilern bestehende Ort mit hübschen Häuschen und einigen lauschigen Plätzen. Hier wurde der korsische Freiheitskämpfer Sampiero Corso geboren, der im Jahr 1553 Anführer der korsischen Widerstandsbewegung gegen Genua war. Eine Bronzestatue zeigt den Helden mit erhobenem Schwert auf dem zentralen Platz im Ortsteil Santo. Sein Geburtshaus im Weiler Dominicacci wurde nach seiner Ermordung niedergebrannt, aber im 18. Jh. wiederaufgebaut – es ist eines der schmucksten Häuser im Dorf. Schöne Panoramawege führen von Bastelica zum Stausee von Tolla und auf die Skistation von Val d'Ese am Monte Renoso.

38 km östlich von Ajaccio

FotoTipp

DER PERFEKTE SONNENUNTERGANG

Eine besonders romantische Stimmung herrscht auf dem Genueserturm Tour de Parata zur Abenddämmerung, wenn die Sonne die Inseln und Felsen in ein warmes Rot taucht. Nicht selten kann man im Gegenlicht auch aus den Fluten springende Delfine erkennen – Zoom vorbereiten! ▶ S. 53

ESSEN UND TRINKEN
Chez Paul

Deftige korsische Bergküche • Auf der Panoramaterrasse mit Blick aufs Tal werden große Portionen hausgemachter Wurstwaren, geschmortes Kalbfleisch mit weißen Bohnen und Brocciu-Cannelloni serviert. Lecker! Lieu-dit Stazzona, Bastelica • Tel. 04 95 28 71 59 • ganzjährig geöffnet • €€

◎ Cargèse A 7
1200 Einwohner

Das eigenwillige Dorf nördlich des Golfs von Sagone geht auf genuatreue griechische Siedler zurück, die sich 1676 hier niederließen. In der griechisch-orthodoxen Kirche des Ortes, **Saint Spiridon** (1874), trennt eine reich verzierte Ikonostase das innere Kirchenschiff vom Altarraum. Neben den griechischen Heiligenbildern aus dem 13. Jh. gibt es auch Deckenfresken aus dem 20. Jh. Die auf dem gegenüberliegenden Hügel gelegene katholische **Église Sainte Marie de l'Assomption** (1828) ist im überbordenden Barockstil gehalten. Der gepflegte Ort Cargèse mit seinen zahlreichen Geschäften und Restaurants ist im Sommer belebt, in der Nebensaison aber eher beschaulich. Die Buchten in der Nähe rund um den Golfe de Sagone bieten herrliche Strände mit guten Bade- und Wassersportmöglichkeiten.

50 km nordwestlich von Ajaccio

ÜBERNACHTEN
Castel d'Orcino B 8

Familiäre Atmosphäre • Dieses kleine, ruhige Hotel besticht durch seine Panorama-Lage direkt an der Felsküste an der Bucht von Liscia.

Eine prunkvolle Ikonostase trennt das Hauptschiff vom Altarbereich in der griechisch-orthodoxen Kirche Saint Spiridon (▸ S. 54) in Cargèse.

Hier sind spektakuläre Sonnenuntergänge garantiert!
Baie de la Liscia, Calcatoggio • Tel. 04 95 52 50 50 • www.castel dorcino.com • 33 Zimmer • ♿ • €€
26 km südöstlich von Cargèse

◎ Cascade du Voile de la Mariée C7

Korsikas höchster Wasserfall liegt unterhalb des charmanten Bergdorfs **Bocognano** und ist von dort über die Straße nach Bastelica erreichbar. Er ist bereits von der Brücke über den Bach aus gut zu sehen. Ein zehnminütiger Fußweg führt auf eine Aussichtsplattform bis kurz unter die Kaskade. Über eine Länge von 150 m stürzt sich der Gebirgsbach Trotto über unzählige kleine Terrassen in die Tiefe und bildet dabei einen Wasserfall, der optisch an einen Brautschleier erinnert.
43 km nordöstlich von Ajaccio

◎ Evisa B6

200 Einwohner

Die tief im Fels liegende, wildromantische **Spelunca-Schlucht** führt von Porto aus (▸ S. 56) bis nach Evisa. Der beschauliche Ort ist Basis für das östlich gelegene, riesige Waldgebiet **Forêt d'Aïtone** mit seinen über 30 m hohen Pinien. Im Winter werden in den Bergen die Loipen für Skilangläufer gespurt, im Sommer führt eine schattige Kurzwanderung von etwa zehn Minuten zu den klaren Badegumpen **Piscine d'Aïtone** mit kleinen Wasserfällen und Steinterrassen.
70 km nördlich von Ajaccio

◎ Piana und Les Calanches ⭐ A6

Die kleine Gemeinde Piana mit ihren Granitsteinhäusern und engen Gassen zählt zu den schönsten Dörfern Frankreichs. Sie liegt fast 500 m über dem Meer auf einem Hoch-

📷 FotoTipp

LES AMOUREUX DES CALANQUES

An dem berühmtesten Fotomotiv der Calanches fahren viele achtlos vorbei. Wer von Süden kommt, sollte auf eine 100 m lange Gerade mit zwei Haltebuchten achten. Beim Blick zurück nach Westen entdeckt man auf der Bergspitze zwei Felsnadeln, die sich zu umarmen scheinen und ein Felsloch in Herzform bilden. ▶ S. 56

---

plateau mit herrlichem Blick auf die Felskaps von Senino und Scandola.
Berühmter als Piana selbst ist jedoch die Felslandschaft **Les Calanches** in der Umgebung: Die bizarren Felstürme und -spitzen aus Vulkangestein und die majestätischen Tafoni-Felsen gehören zu den beeindruckendsten Naturdenkmälern der Insel. Zum Pflichtprogramm zählt der Wanderweg zum **Felsquader von Château Fort**: Kaum zu verfehlen in einer Haarnadelkurve der einzigen Straße durch die Calanches (D81) liegt der Felsbrocken Tête de Chien, der einem Hundekopf ähnelt. Gleich dahinter startet der rot markierte Wanderweg (45 Minuten hin und zurück). Ziel ist eine natürliche Aussichtsplattform mit tollem Blick auf die Tafoni-Felsen und den Golf von Porto. Nicht ohne Grund hat die UNESCO den Küstenabschnitt zum Welterbe erklärt.
70 km nördlich von Ajaccio

ÜBERNACHTEN
Les Roches Rouges
Belle Epoque mit Bellevue • Das Jugendstilhaus von 1912 sieht nicht nur von außen aus wie aus einer anderen Zeit, auch im Innern dominieren Art nouveau und Stilmöbel. Da einige Zimmer bessere Zeiten gesehen haben, wird das Haus von Vielen nur wegen seines Restaurants aufgesucht: Der Blick auf die roten Felsen der Calanches ist atemberaubend!
Route de Porto, Piana • Tel. 04 95 27 81 81 • www.lesrochesrouges.com • 30 Zimmer • €€€

ESSEN UND TRINKEN
Le Café de la Plage
Ungestörter Blick auf die Wellen • Dieses herrliche Strandrestaurant am Traumstrand von Arone bietet mediterrane Küche von Pizza bis zum Komplett-Menü. Meerblick-Loungebereich mit Strandbetten.
Plage d'Arone • Tel. 04 95 20 17 27 • www.lecafedelaplage.com • ganztags April–Okt. • €€
12 km südwestlich von Piana

◎ Porticcio
Das Bade-, Sport-, und Vergnügungszentrum liegt auf der gegenüberliegenden Seite des Golfs von Ajaccio und ist vor allem für Nachtschwärmer und Wasserratten einen Abstecher wert. Schön ist der Strand **Plage de Puppione**, der in der Saison mit Bussen und Shuttlebooten (▶ S. 53) erreichbar ist.
16 km südöstlich des Stadtzentrums

◎ Porto 👥 B 6
580 Einwohner
Der kleine Küstenort hat einen breiten Kieselstrand, mehrere Restaurants und zweckmäßige Hotels zu bieten. Wahrzeichen von Porto ist sein viereckiger **genuesischer Wachturm**. Die Brandung hat der mittelalterlichen Verteidigungsanlage arg zugesetzt, dennoch kann man den

Turm besichtigen. Eine kleine Ausstellung klärt über die mittelalterlichen Verteidigungsmaßnahmen an der korsischen Westküste gegen Piratenangriffe auf. Ein Rundgang endet auf der Aussichtsplattform mit grandiosem Blick auf den Golf. Einen Besuch lohnt außerdem das sehenswerte Mittelmeer-Aquarium **Acquarium de la Pouderie**. Die Ausstellung im **Musée de la Bruyère** informiert über die Baumheide, deren Knolle einst zur Herstellung von Pfeifen verwendet wurde.

Vor allem ist Porto aber als Basis für Ausflüge zu den Calanches bekannt. Außerdem starten im Hafen von Porto Bootsausflüge zum **Küstenreservat La Scandola**. Eine einfache Küstenwanderung führt ab der Passhöhe von Col de la Croix, 24 km nordwestlich von Porto, in zwei Stunden in das idyllische Fischer- und Piratendorf **Girolata**, das nur zu Fuß oder auf dem Wasserweg zu erreichen ist. Der orangefarben markierte Maultierpfad wird auch »Sentier Guy le facteur« genannt – zu Ehren des letzten Briefträgers Guy, der die Post zu Fuß nach Girolata brachte. In Girolata warten mehrere Restaurants. Übernachten kann man auf dem Camping et Gîte de la Cabane du Berger (Tel. 04 95 20 16 98) mit Bungalows oder in der sehr einfachen Herberge Gîte le Cormoran Voyageur (Tel. 04 95 20 15 55, Email: cormoranvoyageur@hotmail.fr).

80 km nördlich von Ajaccio

ÜBERNACHTEN
Hotel Colombo ϮϮ
Ein günstiger Zwischenstopp • Einfache, saubere Zimmer, manche mit Meerblick; Frühstück im Garten. Oberhalb des Hafens im Ortsteil Ota. Route de Calvi • Tel. 04 95 26 10 14 • www.hotel-colombo-porto.com • 15 Zimmer • €€

Hotel Le Subrini ϮϮ
Einfaches Hotel in günstiger Lage • Direkt am Meer mit Sonnenuntergangsblick, sehr sauberen Zimmern und gutem Restaurant.
La Marine de Porto • Tel. 04 95 26 14 94 • www.hotel-lesubrini-corse.com • Mitte April – Mitte Okt. • 23 Zimmer • €€

Wasser und Wind haben die Calanches (▶ MERIAN-TopTen, S. 56) geformt.

Sartène   C 11
3400 Einwohner
Stadtplan ▶ S. 58

300 m über dem Golfe de Valinco kleben die mittelalterlichen Häuser und Gassen an den Hängen des Monte Rosso. Der Schriftsteller Prosper Mérimée schrieb einst, Sartène sei die »korsischste aller korsischen Städte«, und auch heute noch trifft

diese Aussage zu. Die Bewohner der einstigen Hochburg des korsischen Banditentums haben sich zwar auf Touristen eingestellt, dennoch fällt so manch misstrauischer Blick auf die Urlauber, die es sich auf der zentralen **Place de la Libération** (auch Place Porta) gutgehen lassen.

Die **Église Sainte-Marie** aus grauem Granitstein spielte in der Historie der Stadt immer wieder eine bedeutende Rolle: Sie markierte einst die Grenze zwischen dem armen Stadtviertel Borgo und dem reichen Distrikt Santa Anna, und 1834 wurde in der Kirche ein Friedensvertrag zwischen den verfeindeten Vierteln der Stadt getroffen, die sich zuvor blutige Auseinandersetzungen geliefert hatten. Sainte Marie ist auch Dreh- und Angelpunkt der alljährlich stattfindenden Prozession Catenacciu. In der Karfreitagsnacht trägt der rot vermummte Büßer, dessen Identität nur der örtliche Priester kennt, in Erinnerung an die Passion Christi ein schweres Kreuz durch die Gassen der Altstadt. Das Kreuz und die Ketten des Büßers sind links neben dem Kircheneingang ausgestellt. Der verspielte Altar (17. Jh.) der Kirche ist aus buntem Marmor aus Ligurien und der Toskana gefertigt.

In dem verwinkelten Stadtviertel **Santa Anna** mit seinen Gassenschluchten, Torbögen und krummen Treppenaufgängen haben sich Spezialitätengeschäfte, Restaurants und Kunsthandwerksgalerien angesiedelt. Im Juli und August bleiben die Geschäfte donnerstags im Rahmen von »Shopping de nuit« bis Mitternacht geöffnet, begleitet von Straßenmusik und Spielen für Kinder. Über eine Treppe bei der Post erreicht man den einzigen noch erhaltenen Teil der alten **Zitadellenmauer**, die von einem Wachtürmchen (»échauguette«) gekrönt wird. Einen Spaziergang wert ist auch das einst düstere Armenviertel Borgo mit der Rue des Voûtes und ihren malerischen Gewölbebögen.

MUSEEN
Musée de Préhistoire Corse et d'Archéologie ▶ S. 58, c 2

Mit mehr als einer Viertel Million Fundstücken aus der Zeit seit der Besiedelung der Insel gehört das prähistorische Museum in Sartène zu den größten archäologischen Sammlungen Korsikas. Saal 5 zeigt Menhire aus der Region: Zwei Drittel aller korsischen Hinkelsteine wurden rund um Sartène gefunden.
Rue Jacques Nicolai • Tel. 04 95 77 01 09 • www.cg-corsedusud.fr •
Mai–Sept. Di–So 10–18 Uhr,
Okt.–April Mo–Fr 10–12 und 13.30–17 Uhr, 4 €

ÜBERNACHTEN
Domaine de Murtoli 👤👤 C 11

Luxus in altem Gemäuer • Idyllische Villen, eingerichtet in einer ehemaligen Mühle, in einem Herrenhaus oder im Schafstall, umgeben von üppiger Vegetation. Ein Restaurant ist in einer umgebauten Höhle untergebracht, ein weiteres befindet sich in einem ehemaligen Fischerhäuschen direkt am Privatstrand.
Vallée de l'Ortolo • Tel. 04 95 71 69 24 • www.murtoli.com • 11 Luxusvillen • €€€€
20 km südlich von Sartène

Hôtel San Damianu ▶ S. 58, b 2

Panorama-Pool hoch über dem Tal •
Der Beiname von Sartène »Le balcone du Valinco« könnte auch auf dieses Panorama-Hotel zutreffen: Zimmer und Pool blicken wunderschön auf die Stadt und das Rizzanese-Tal. Freundlich eingerichtete Zimmer zu fairen Preisen.
Quartier St Damien • Tel. 04 95 70 55 41 • www.sandamianu.fr •
28 Zimmer • ♿ • €€€

ESSEN UND TRINKEN
Brasserie Piazza Porta 👤👤 ▶ S. 58, b 2

Mittendrin im Geschehen • Pizza, Pasta und Panini zu fairen Preisen sowie leckere Salate und Crêpes werden auf dem schönsten Platz der Stadt serviert.
Place de la Libération • Tel. 04 95 77 06 10 • ganzjährig geöffnet • €

Ziele in der Umgebung
◎ **Fozzano** C 10

200 Einwohner

Das abgelegene Dorf bietet mit seinen festungsähnlichen Wohnhäusern auch heute noch ein recht ungastliches Bild. Die Gassen zwischen den auf Selbstverteidigung ausgelegten Granitgebäuden waren 1833 Schauplatz der Vendetta zwischen den Familien Durazzo und Carabelli. Die Blutrache der Clans wurde in dem Roman »Colomba« des französischen Dichters Prosper Mérimée verewigt. Die Erzählung über eine rachsüchtige junge Frau, edle Banditen und dunkle Schwüre prägte im 19. Jh. nachhaltig das Bild, das sich die feine Gesellschaft der Salons im fernen Paris vom Alltag auf der kleinen Mittelmeerinsel machte.

Die 1 km nördlich von Fozzano gelegene Kirche **Église Santa Maria Assunta-de-Santa-Maria-Figaniella** (12. Jh.) ist wegen ihrer schönen romanischen Fassade mit kunstvoll gearbeiteten Schmuckarkaden mit Tiermotiven, Gesichtern und geometrischen Mustern einen Zwischenstopp wert. Außerdem genießt man von hier eine tolle Aussicht auf das Baracci-Tal.
20 km nördlich von Sartène

◎ Olmeto 👥 C 10
1250 Einwohner
Das ruhige Bergdorf bietet einen überwältigenden Rundblick auf den Golf von Valinco. Seit eine Umgehungsstraße dafür sorgt, dass der Verkehr in nur eine Richtung durch die enge Dorfstraße verläuft, lässt es sich in den kleinen Bars mit Terrassen gut aushalten. Ein Ausflug lohnt das wilde Tal des **Baracci** mit Weinbergen am unteren Flusslauf. An der Thermalquelle von Baracci gibt das verfallene Kurhotel, angeblich der Nachbau eines Hauses in Saigon, die perfekte Kulisse für einen Horrorfilm ab. Das renovierte **Bains de Baracci** dagegen verspricht ein wohliges Bad in 39 °C heißem Thermalwasser (Tel. 04 95 76 30 40, Di–Sa 10–17 Uhr, im Sommer tgl. 10–13 und 16–21 Uhr, 7 €). Am Oberlauf des Baracci, Richtung Burgo und Martini, wird das Tal wild und eng, unterhalb der Straße verstecken sich in diesem Abschnitt viele Flussbadestellen.
22 km nördlich von Sartène

ÜBERNACHTEN
Hotel Marinca & Spa
Luxus mit Privatstrand • Traditionshotel in Familienhand. Alle Zimmer wurden kürzlich im Ethno-Stil renoviert, manche Suiten mit Balkon und Jacuzzi auf der Terrasse. Die kleine Sandbucht mit Blick auf Propriano ist nur vom Hotel zugänglich.
Domaine Vitricella • Tel. 04 95 70 09 00 • ww.hotel-marinca.com • 58 Zimmer • €€€€

◎ Propriano C 10
3450 Einwohner
In diesem Küstenort pulsiert im Sommer das Leben, außerhalb der Saison wirken die unzähligen Restaurants und Brasserien an der Hafenpromenade wie ausgestorben. Südwestlich der großen Marina befinden sich die kleinen, von bizarren Granitfelsen unterbrochenen **Sandbuchten von Campomoro** und ein pittoresker Genueserturm, der im Sommer auch besichtigt werden kann. Im Osten von Propriano lockt der selbst im Sommer nur wenig überlaufene lange **Strand von Baracci**. Auf der gegenüberliegenden Seite des Golfe de Valinco Richtung **Porto Pollo** verstecken sich viele weitere Sandbuchten und Strände – ideal für Bade- und Wassersportfans.
14 km nordwestlich von Sartène

ÜBERNACHTEN
Domaine de l'Ogliastru 👥
Doppelzimmer im Genueserturm • Eine Unterkunft, die man so schnell nicht wieder vergisst: In dem mittelalterlichen Wachturm von Micalona, seit Generationen in Familienbesitz, wurden zwei Zimmer eingerichtet. Auf der Aussichtsplattform kann man sonnenbaden, im Pool darunter planschen. Wem das zu teuer ist, dem stehen auch eine Villa direkt am Strand und zwei liebevoll renovierte und zu Ferienhäusern umgebaute Schäferhütten zur Verfügung.

Rue des Pêcheurs, Résidence du Port II • Tel. 06 22 54 49 01 • www.domaine-de-logliastru.com • €€€€

🌿 Hotel Casa Murina   📕 B 10
Korsikas erstes Öko-Hotel • Dieses Palais aus dem 19. Jh. wurde kürzlich zum Niedrigenergiehaus ausgebaut, Solarzellen sorgen für Ökostrom. In der Küche werden nur Zutaten aus biologischem Anbau verwendet. Meerblick und individuelle Zimmer.
Porto Pollo, Igliastrolo • Tel. 04 95 76 09 31 • 30 Zimmer und Suiten • www.hotel-casa-murina.com • ♿ • €€€
20 km nordwestlich von Propriano

Les Eucalyptus 👪   📕 B 10
Mit Frühstücksterrasse • Die Zimmer sind groß und sauber und bieten einen tollen Panoramablick auf den Golfe de Valinco. Das Personal ist freundlich und das Buffet zum Petit déjeuner reichhaltig – tipptop!
Porto-Pollo • Tel. 04 95 74 01 52 • www.hoteleucalyptus.com • 32 Zimmer • €€

Villa Guidi   📕 C 9
Blick auf das Tavaro-Tal • In dieser edlen Villa fühlt man sich als Gast der Familie. Die Zimmer sind edel mit Antiquitäten eingerichtet. Abendessen gibt es für alle Gäste gemeinsam am großen Tisch.
Pila-Canale, Avenue Jerome Guarnieri • Tel. 06 87 60 34 43 • 5 Zimmer • www.lavillaguidi.com • €€
30 km nördlich von Propriano

◎ Rocher du Lion de Roccapina 👪   📕 C 11/12
Auf dem Bergrücken der einsamen Landzunge von Roccapina blicken ein Turm und ein markanter Felsen in Löwenform auf das Meer. Der Legende nach steckt in dem bizarren Tafoni-Felsen ein Edelmann (mit Spitznamen »der Löwe«), der urplötzlich zu Stein erstarrte, weil eine junge Frau ihn verschmähte. An einem nahen Aussichtspunkt an der Hauptstraße ist das kleine **Museum »A Casa di Roccapina«** in einem alten Straßenwärterhäuschen untergebracht. Es informiert über geologische Besonderheiten der Region und das Leben der hiesigen Schäfer und Straßenwärter (April–Nov. tgl. 10–18 Uhr, Tel. 04 95 71 56 30, 2 €). Der Bucht zu Füßen liegt der herrliche Strand von Roccapina, der über eine staubige Piste zu erreichen ist.
22 km südlich von Sartène

ESSEN UND TRINKEN
Auberge l'Oasis du Lion
Herrliches Panorama und Gastfreundschaft • Auf dem Aussichtspunkt am Löwenfelsen Roccapina liegt diese kleine Auberge, die trotz ihrer einmaligen Lage bodenständig geblieben ist: eine urige Gaststube mit groben Steinwänden und Würsten an der Decke. Ehrliche korsische Hausmannskost, aber auch Salate und Snacks.
Col de Roccapina • Tel. 04 95 73 49 89 • tgl. ganzjährig, im Winter nur mittags • €€

◎ Spin'A Cavallu 👪   📕 D 10
Die Brücke über den Fluss Rizzanese ist eines der fotogensten Beispiele genuesischer Brückenarchitektur auf Korsika. Der Name der sehr gut erhaltenen, perfekt symmetrischen und 64 m langen Brücke aus dem 13. Jh. bedeutet »Pferderücken«.
8 km nördlich von Sartène, an der D268 Richtung Levie

Corte und die Ostküste

Das Herz Korsikas beheimatet die einzige Universitätsstadt der Insel, wilde Täler und kristallklare Bergseen. An der Ostküste warten lange Sandstrände, so weit das Auge reicht.

◂ Einst Adelssitz, dann Gefängnis: Die Citadelle von Corte (▸ S. 63) beherbergt heute das Musée de la Corse.

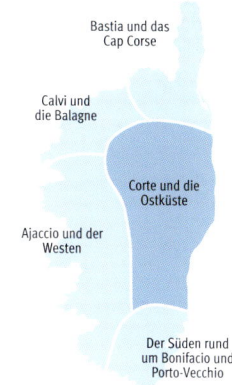

Bastia und das Cap Corse

Calvi und die Balagne

Corte und die Ostküste

Ajaccio und der Westen

Der Süden rund um Bonifacio und Porto-Vecchio

Korsika wird häufig auch als »Gebirge im Meer« bezeichnet, und wer auf den steilen Straßen unterwegs ist, die sich von Osten ins Inselinnere hinaufziehen, merkt schnell, warum. Einen krassen Kontrast dazu bildet die sanfte Ostküste, die langsam und seicht in Richtung des Tyrrhenischen Meers hinabläuft. Dieser Gegensatz zwischen maritimer und alpiner Landschaft macht den Ostteil Korsikas zu einer beliebten Ferienregion. Während sich zur Saison die Urlauber in den Clubanlagen von Moriani bis Bravone tummeln, warten in den Bergen die weltvergessenen Weiler der einsamen Castagniccia. Im Herzen der Insel thront stolz auf einem Felsen Corte, die einzige Universitätsstadt Korsikas und ehemalige Hauptstadt der Insel, umtost von wilden Bächen, die eiskaltes Gebirgswasser Richtung Ostküste führen.

Corte

D 6

7200 Einwohner
Stadtplan ▸ S. 65

Von 1755 bis 1769 war Corte unter Pascal Paoli die Hauptstadt der korsischen Nation – und für viele ist das kleine Städtchen, das etwa auf halber Strecke zwischen den Département-Hauptstädten Bastia und Ajaccio liegt, noch immer die heimliche Kapitale der Insel. Zahlreiche Heldenstatuen zeugen von der bewegten Vergangenheit der Festungsstadt. Wie ein stolzer Adlerhorst dominiert die wuchtige Zitadelle den Ort am Zusammenfluss der beiden Gebirgsbäche Restonica und Tavignano. Einwohner, Studenten und die vielen Wandertouristen, die Corte jedes Jahr aufsuchen, flanieren auf der kleinen Hauptstraße Cours Paoli.

SEHENSWERTES

Belvédère ▸ S. 65, a/b 5

Von der kleinen Plattform in über 100 m Höhe über dem Tal hat man einen schönen Blick auf den Zusammenfluss von Tavignano und Restonica und auf die Zitadelle von Corte, Nid d'Aigle (dt. Adlernest) genannt. Oberhalb der Place Saint-Théophile

Citadelle ▸ S. 65, a 3

Der spanische Vizekönig Vincentello d'Istria hatte diesen Festungsbau 1419 für die Verteidigung gegen die Genueser erbaut. Als die italienische Stadtrepublik schließlich dennoch Corte einnahm, wurde der Vasall kurzerhand enthauptet. 1769 bauten die Franzosen den hoch auf einem Schieferfelsen gelegenen Bau massiv aus und erhöhten die Verteidigungsmauern auf stolze 8 bis 14 m. Zwischenzeitlich diente die Burg auch als Haftanstalt und Kaserne der Fremdenlegion. Heute ist die Anlage frei zugänglich, und Besucher kön-

nen von hier den wunderbaren Panoramablick auf die umliegenden Täler genießen. Im Sommer dient die Zitadelle als Kulisse für Theateraufführungen und Konzerte. Im Innern des historischen Baus bietet seit 1997 das **Musée régional d'Anthropologie de la Corse** einen Einblick in korsische Traditionen und Bräuche. Außerdem gibt es exzellent kuratierte Wechselausstellungen zu korsischer Geschichte.
Musée régional d'Anthropologie, La Citadelle • www.musee-corse.com • tgl. 10–20 Uhr, im Winter bis 18 Uhr und Mo geschl., kein Zugang mehr 1 Std. vor Schließung des Museums • 5,30 €

Église de l'Annonciation
▶ S. 65, b 4

Der schlanke Glockenturm dieser von außen recht schlichten Barockkirche überragt weithin sichtbar die Schieferdächer der Altstadt. Im Innern gibt es u. a. eine holzgeschnitzte Kanzel des ehemaligen Franziskanerklosters zu sehen, links vom Chor befindet sich eine Kapelle, die dem einzigen korsischen Heiligen Saint Théophile geweiht ist. Der in Corte geborene Franziskanermönch ist hier als liegende Grabfigur zu bewundern. Auf dem Kirchvorplatz thront die Bronzestatue des korsischen Generals Gaffori. An der Fassade seines dahinterliegenden Wohnhauses sind Einschläge zu sehen, die während der Belagerung von Corte durch Genua im Jahr 1750 entstanden sein sollen.
Place Gaffori

Place Duc de Padoue
▶ S. 65, b 2

Auf diesem lang gestreckten, von mehreren Palais flankierten Platz thront das Standbild des Generals Arighi de Casanova, der aus Corte stammte und als Herzog von Padua in die Geschichte einging. Die Bronzestatue ist ein Werk des Bildhauers Auguste Bartholdi, der auch die Freiheitsstatue von New York geschaffen hat.

Place Paoli
▶ S. 65, b 4

Am Ende des Cours Paoli liegt dieser von Schuhgeschäften, Andenkenläden und Straßencafés gesäumte Platz, der dem Nationalhelden der Insel, Pascal Paoli, gewidmet ist. Im Zentrum steht eine Bronzestatue des »Babbu di a Patria« (dt. Vater des Vaterlandes). Vom Platz abgehend führt die steile Rue Scolisca in die Oberstadt mit ihren engen Gassen.

MUSEEN

FRAC Corse
▶ S. 65, a 3/4

Die Sammlung des Fonds Régional d'Art Contemporain zeigt über 400 Exponate lokaler zeitgenössischer Kunst aus den Bereichen Minimal-Art, Konzeptkunst und Arte Povera.
FRAC Corse • La Citadelle • Tel. 04 95 46 22 18 • frac@ct-corse.fr • Mo–Fr 10–12 und 14–19, Sa 14–19Uhr, im Winter nur bis 17 Uhr • Eintritt frei

Musée de la Corse
▶ Citadelle, S. 63

SPAZIERGANG
Stadtplan ▶ S. 65
Ausgangspunkt für unseren Spaziergang ist die Place Duc de Padoue, von hier aus geht es leicht bergauf den **Cours Paoli** entlang, vorbei an Geschäften, Boutiquen und Cafés. Anschließend folgen sie rechts der steilen Gasse Rue du Commandant Ignace Mantei bis zur **Place Gaffori** mit dem Wohnhaus des

korsischen Generals und Freiheitskämpfers Gianpietro Gaffori sowie der **Église de l'Annonciation**. Von hier geht es vorbei am **Palais National**, der einstigen Residenz des Genueser Statthalters und später Sitz der korsischen Regierung. Hier war ab 1765 die erste Universität Korsikas ansässig, heute beherbergt das Gebäude u. a. das Institut für korsische Sprache. Der Weg führt nun weiter zur **Zitadelle** zurück zum Ausgangspunkt geht es dann über die **Place Paoli**.
Dauer: 1 Std.

ÜBERNACHTEN
Hotel Si Mea ▸ S. 65, nördl. b 1
En vogue und günstig • Das kleine Stadthotel bietet frisch renovierte Zimmer und modernes Design in einer Villa aus den 1930er-Jahren. Fünf Minuten zu Fuß ins Zentrum.
Avenue du pont de l'Orta 3 • Tel. 04 95 65 08 23 • www.hotelsimea-corte.fr • 8 Zimmer • €€

ESSEN UND TRINKEN
A casa di l'Orsu ▸ S. 65, b 4
Familiäre Atmosphäre • Der Bretone Gilles serviert direkt an der Treppe zur Zitadelle an der Place Paoli leckere korsische Küche. Das Essen ist gut, der Service freundlich – nicht immer selbstverständlich in Corte!
Rue Monseigneur Casanova 4 • Tel. 06 80 60 70 42 • April–Nov. Mo–Sa ganztags geöffnet • €€

AM ABEND
Le Rex Lounge Bar ▸ S. 65, b 4
Cortes schickste Bar • Die edle Kneipe an der Hauptstraße sticht aus den klassischen Straßencafés in Corte heraus. Donnerstags Livemusik oder DJs, Cocktails und Aperitifs, WLAN.
1 Cours Paoli • Tel. 04 95 46 08 76 • Mo–Sa ganztags geöffnet • €€

Ziele in der Umgebung
Asco und Monte Cinto C 5
120 Einwohner

Eine atemberaubende Kurvenstrecke führt entlang des Hochtals des Flusses Asco steil hinauf ins korsische Hochgebirge. In 1450 m Höhe ist die Talstation einer ehemaligen Skiliftanlage erreicht. Darüber erhebt sich der mit 2706 m höchste Berg der Insel, der **Monte Cinto**. Ein ganzjährig geöffnetes Refuge-Restaurant ist bei Wanderern, Bikern und Radfahrern gleichermaßen beliebt. Hier verläuft der Fernwanderweg GR 20, und eine anspruchsvolle Marschroute führt in etwa fünf Stunden bis hinauf auf die Spitze des Monte Cinto.

Auf halber Strecke zwischen Tal und Refuge liegt das verschlafene kleine Nest **Asco**, das inselweit für seinen würzigen Honig bekannt ist. Kurz nach dem oberen Dorfausgang führt eine nicht beschilderte Asphaltstraße in mehreren Kehren zu einer alten **Genueserbrücke** – ein wenig besuchtes Schmuckstück mittelalterlicher Brückenbaukunst. Unmittelbar darunter sorgen einige Badegumpen für willkommene Erfrischung.
57 km nördlich von Corte

EINKAUFEN
Miel d'Asco
Die Familie von Mathieu Guidoni gehört zu den traditionellen Imkern im Asco-Tal. Je nach Saison gibt es verschiedene Honigsorten: Erika-Honig (Bruyère), den Frühlingshonig Affodill (Asphodèle) und den würzigen Rosmarin-Honig kann

man vor Ort kosten und natürlich auch kaufen.
Rue Poggiola 1, Asco • Tel. 06 47 50 06 71 • www.miel-corse-asco-guidoni.net • April–Okt. 9–20 Uhr

◎ Couvent Saint-François de Castifau C 4

Schon bei der Anfahrt nach Castifau ist diese Ruine sichtbar. Das Franziskanerkloster (1510) war im 18. Jh. Treffpunkt korsischer Nationalisten und während der französischen Eroberung schwer umkämpft, später wurde es aufgegeben und dem Verfall überlassen. 1824 beschloss die Gemeinde, in der Ruine des Kirchenschiffs einen Friedhof anzulegen. Leider ist der Zugang versperrt: Ein Gitter sollte ursprünglich Wild abhalten, heute hält es Besucher zurück.
35 km nördlich von Corte

◎ Ghisoni D 7
250 Einwohner

Das kleine Bergdorf selbst hat nur wenig zu bieten – hier ist der Weg das Ziel. Von **Vivario** aus führt eine steile, aber malerische Panoramastraße in engen Kehren durch den von Waldbränden schwer gezeichneten Col de Sorba bis nach Ghisoni. Von der Küstenstadt **Ghisonaccia** aus, einer ehemaligen Küstenstation der Bergbauern von Ghisoni, führt die Strecke zum Dörfchen durch zwei spektakuläre Schluchten: Die engen und kurvenreichen Straßen des **Défilé des Strette** und des **Défilé d'Inzecca**, die sich an die steilen Berghänge krallen, sind nur etwas für schwindelfreie Auto- und Motorradfahrer. Belohnt wird man dafür mit tollen Ausblicken durch enge Bergspalten auf das Tyrrhenische Meer am Horizont.
41 km südlich von Corte

◎ Gorges de la Restonica D 6

Die Wildwasserschlucht führt hinter Corte in das Restonica-Tal und ist auf 15 km befahrbar, anschließend starten die gut ausgeschilderten Wanderungen zu den Bergseen Melo und Capitello (ab dem Parkplatz der Bergerie de Grotelle jeweils 1,5 bzw. anstrengende 2,5 Stunden pro Strecke). Die eiskalten Bergseen mit grasgrünen Moosteppichen an den Ufern gelten als die schönsten Korsikas, und der Capitello-See liegt mit 2230 m so hoch, dass er durchschnittlich acht Monate im Jahr teilweise gefroren ist. Die Wanderungen führen durch Maquis-Vegetation, über Granitplatten und Schneefelder vorbei an steilen Felswänden und sind sehr beliebt, darum besser frühmorgens starten!
15 km südwestlich von Corte

ÜBERNACHTEN
🌿 Hotel Les Jardins de la Glacière D 6

Übernachten am Fluss • Die hoteleigene Badegumpe liegt direkt unter dem Hotel im schattigen Restonica-Tal. Große renovierte Zimmer, Pool, Frühstück mit korsischen Produkten.
Gorges de la Restonica • Tel. 04 95 45 27 00 • www.lesjardinsdelaglaciere.com • 20 Zimmer • ♿ • €€
2 km südlich von Corte

◎ Gorges du Tavignano D 6

Gleich hinter Corte beginnt das Tal des kleinen Bergbachs Tavignano. Im Gegensatz zu den im Sommer oft überfüllten Gorges de da Restonica ist es hier vergleichsweise einsam. Es gibt keine Zufahrtsstraße. Nur ein schöner, schattenloser und häu-

Ein Höhepunkt jeder Korsika-Reise ist eine Wanderung durch die wildromantische Schlucht Gorges de la Restonica (▶ S. 67) und zu den umliegenden Bergseen.

fig gepflasterter Wanderweg führt auf den Spuren eines alten Maultierpfads durch das Tal, das zu den schönsten der Insel gehört. Die Gorges du Tavignano kann man, je nach Kondition, beliebig lang erwandern. Eine Tour von 1,5 Stunden führt zu schönen Felsbadewannen, in 2,5 Stunden kann man vorbei an herrlichen Tafoni-Felsen zu einer Brücke über den Tavignano mit einladenden Badeplätzen wandern.
Am Ortsrand von Corte, Parkplatz ist ausgeschildert

◎ Niolo C 5

Die korsischen Traditionen sind auf der Niolo-Hochebene noch lebendiger als in anderen Teilen der Insel. Ein Grund dafür dürfte die abgeschiedene Lage des breiten Hochtals zwischen dem Col de Vergio und der Schlucht von Scala die Santa Régina sein, das nur über mühsam befahrbare Nebenstraßen zu erreichen ist. Das Niolo ist bei Trekkingfans äußerst beliebt: Die gewaltigen Massive des Monte Cinto und Paglia Orba im Norden und der Punta Artica im Süden sind durchzogen von zahlreichen Wanderwegen. Neben dem siebenstündigen Auf- und Abstieg zu Korsikas höchstem Gipfel Monte Cinto locken lohnende Tageswanderungen durch das **Viro-Tal** und zum **Monte Albano**. Eine knapp fünfstündige Wanderung führt ab dem Forsthaus Maison Forestière de Popaghja durch den dichten Wald des Forêt de Valdu Niellu über den Bergpass Col de Stazzona zum 1743 m hoch gelegenen **Lac de Nino**. Der Anblick des Bergsees mit seinen malerischen, aber empfindlichen Feuchtwiesen und leuchtend grünen Grasflächen (»pozzine«) belohnt für die Mühen des anstrengenden Aufstiegs. Im Hauptort des Niolo, dem

300-Seelen-Dorf **Calacuccia**, ist vor allem die Pfarrkirche Saint-Pierre et Saint-Paul mit ihrem holzgeschnitzten Kruzifix sehenswert. Gleich unter dem Dorf liegt der große Stausee **Lac de Calacuccia**, ein Wasserreservoir, das die Ostküste südlich von Bastia versorgt.

30 km nordwestlich von Corte

ÜBERNACHTEN

L'Acqua Viva 📖 C 6
Einfache Zimmer im Niolo • Die sauberen Zimmer, teilweise mit Bergblick, sind ideal für einen Zwischenstopp während einer Wanderung auf der Niolo-Ebene. Der offene Kamin im Salon brennt von Oktober bis Juni!
Calacuccia • Tel. 04 95 48 06 90 • www.acquaviva-fr.com • 14 Zimmer • €€

EINKAUFEN

Sucre Sale 📖 C 6
Im Niolo, dem Land der Hirten und Viehzüchter, wird von knapp einem Dutzend Bauern der würzige und aromatische Weichschimmelkäse »niolu« aus Schafs- oder Ziegenmilch hergestellt. Kein Käse für empfindliche Nasen! Außerdem sind hier typische Wurstwaren der Region, Kastanienmehl, Haselnussöl und verlockende Süßigkeiten aus dem Hochtal im Angebot.
Avenue du Valdoniello, Calacuccia • Tel. 04 95 46 15 66 • geöffnet tgl. von April–Okt. sowie im Dez.

◎ Scala di Santa Régina 📖 C 5

Die Klamm von Santa Régina gehört zu den bekanntesten und sehenswertesten Schluchten der Insel. Das zerklüftete, schmale Tal mit seinen nicht enden wollenden Windungen wurde der Legende nach von der Jungfrau Maria während einer Auseinandersetzung zwischen dem Heiligen Martin und dem Teufel geschaffen. Daher stammt der Name der Schlucht, »Treppe der Heiligen Königin«. Wahrscheinlicher ist jedoch, dass das 15 km lange, enge Tal mit seinem schroffen, roten Granit in der Zeit der Alpenbildung seinen Ursprung hat. Eine Straße führt bergauf in vielen Windungen und mit nur wenigen Haltepunkten immer eng am Abgrund entlang und überwindet dabei ca. 500 Höhenmeter. Diese Steigung wird auch vom Stausee Lac de Calacuccia und dem Staudamm von Corscia genutzt, deren Elektrizitätswerke die Schlucht jederzeit fluten können – aus diesem Grund ist in der Scala di Santa Régina trotz der zahlreichen Gumpen Baden und Flusswandern streng verboten.

12 km nördlich von Corte

◎ Venaco 📖 D 6
780 Einwohner

Das kleine Bergdorf mit seinen umliegenden Weilern in dichten Kastanienwäldern schmiegt sich an die Hänge des mächtigen Monte Cardo (2453 m). Die Region ist vor allem für Bergforellen und Schafskäse berühmt.

Bei einer Bahnfahrt von Venaco nach Vizzavona geraten Eisenbahnnostalgiker ins Schwärmen: Gleich hinter dem Ort überspannt das 1893 von Gustave Eiffel errichtete 96 m hohe und stolze 149 m lange Eisenbahnviadukt **Pont du Vecchio** die enge Wildbach-Schlucht. Den besten Blick auf das architektonische Meisterwerk haben allerdings Autofahrer auf der Route Nationale.

Das weithin sichtbare **Fortin de Pasciolo** südwestlich des Luftkurorts Vivario wurde 1770 von den Franzosen auf einer Felsspitze errichtet. Heute ragen nur noch die Außenmauern in den Himmel. Über einen Feldweg erreicht man die Burg, die zwischenzeitlich als Gefängnis genutzt wurde, problemlos zu Fuß – die Sicht ins Vecchio-Tal ist einmalig!

12 km südlich von Corte

◎ Vizzavona 🕺   📖 D 7

Die kleine Zwischenstation der korsischen Eisenbahnen liegt inmitten tiefer Buchenwälder an der Grenze der beiden Départements auf der Insel, Corse-du-Sud und Haute-Corse. Sehenswert sind eine Reihe von verfallenen Grand Palais aus der Zeit, als Vizzavona ein sommerlicher Rückzugsort der Schönen und Reichen aus Ajaccio war. Einen Besuch wert sind auch die Badegumpen **Cascades des Anglais**, erreichbar entweder mit einem halbstündigen Spaziergang vom Bahnhof aus oder in zehn Minuten vom großen Parkplatz am **Vizzavona-Pass**. Der Pass markiert die höchste Stelle der Strecke Bastia–Ajaccio. Wenn hier im Winter meterhoch Schnee liegt, ist die Verbindung zwischen den beiden Inselmetropolen oft tagelang unterbrochen.

30 km südlich von Corte

Aléria   📖 F 7

2100 Einwohner

Auf den ersten Blick ist Aléria ein recht schmuckloser Durchgangsort an der Ostküsten-Route-Nationale, in dem die Straße nach Corte ins Inselinnere abzweigt. Doch südlich der heutigen Siedlung wartet auf einer Anhöhe ein echtes Highlight für alle Hobby-Archäologen: die antike Stadt **Aléria**. Ihre Geschichte geht bis auf die vorhellenistische Periode der Phokäer zurück.

Ganz fangfrisch kann man auf dem **Lagunensee Diane** Muscheln und Austern genießen. Selbst die Römer haben hier schon Schalentiere gezüchtet, eingesalzen, in Amphoren verpackt und in die Ewige Stadt versandt. Die Schalen wurden seit je zurück in den See geworfen. So entstanden mit der Zeit kleine Inseln (»Ilot des Pêcheurs«) mitten in der Lagune.

SEHENSWERTES
Die antike Stadt Aléria
Nur die wichtigsten Monumente dieser römischen Siedlung wurden freigelegt. Zu sehen sind die Grundmauern des Forums, das einst das Zentrum des öffentlichen Lebens der Hauptstadt der römischen Provinz Corsica bildete. Weite Teile der Siedlung, u. a. das Kapitol, wurden unter der Herrschaft Genuas bis auf die heute noch sichtbaren Grundmauern geschleift. Fundstücke aus der griechischen, etruskischen und römischen Zeit sowie mittelalterliche Alltagsgegenstände werden im **Musée Jerome Carcopino** ausgestellt. Die Schaukästen zeigen Grabbeigaben und Alltagsgegenstände aller Siedlungsepochen. Sehenswert sind u. a. eine gut erhaltene Marmorbüste von Jupiter Ammon und eine etruskische Löwenstatue, die wohl einst ein Mausoleum oder einen Tempel zierte.

Le musée départemental Jérome Carcopino et le site archéologique d'Aléria • Hameau de Fort (an der RN 198 südlich von Aléria) • Tel. 04 95

57 00 92 • www.corse.fr • 16. Mai–
30. Sept. 8–12 und 14–19 Uhr, im
Winter 2 Std. kürzer • 2 €

MUSEEN
Musée Jerome Carcopino
▶ S. 70, Die antike Stadt Aléria

ESSEN UND TRINKEN
Ferme d'Urbino E 7
Schwimmendes Austernrestaurant •
Der Speisesaal schwimmt auf dem
Lagunensee von Urbino. Austern und
Muscheln direkt aus der darunterliegenden Lagune; familiäres Ambiente.
Lieu-dit Etang d'Urbino • Tel. 04 95
57 30 89 • Mai–Okt. tgl. 12–14 und
19–23 Uhr • €€€
6 km südlich von Aléria

EINKAUFEN
Domaine Mavella
Der korsische Whisky Pietra & Mavella (P&M) existiert erst seit 2004
und hat aufgrund der Lagerung während seines Reifeprozesses in alten
Muskat-Fässern eine ganz besondere
Note. Unter den drei Sorten gibt es
auch einen »Pure Malt«. Das riesige
Destilliergerät kann besichtigt werden. Neben Whisky kann man auch
Schinken, Marmelade, Olivenöl und
Liköre aus der Region erwerben.
U Licettu, Aléria • Tel. 04 95 56 60
30 • www.domaine-mavela.com •
Mitte April–Ende Mai Mo–Sa
9–18, So 14–18 Uhr, Juni–Sept. tgl.
9–20 Uhr, Okt./Nov. Mo–Fr 10–12
und 14–17 Uhr

Ziele in der Umgebung
◎ **Cervione** E 5
1700 Einwohner
Der größte Ort der Costa Verde
thront 300 m über der Ostküstenebene Plaine Orientale und bietet
ein herrliches Panorama: im Westen
die leuchtend grünen Kastanienhaine der Castagniccia, im Osten
glitzert das Tyrrhenische Meer und
bei guter Sicht kann man am Horizont sogar die toskanische Insel
Montecristo erspähen. Der Ort ist
eine Ansammlung wuchtiger Palais
und Kirchenbauten, die durch enge
Gassen und gepflasterte Wege miteinander verbunden sind. Der alte
Bischofspalast aus dem 18. Jh.
wurde sogar kurzzeitig als königliche
Residenz genutzt. Der erste und
letzte König Korsikas, der aus einem
westfälischen Adelsgeschlecht stammende Baron von Neuhoff (1694–
1756), hatte den Korsen im Kampf
gegen die Genuesen seine Unterstützung angeboten. Im Gegenzug krönten sie ihn zum König der Insel. Als
Théodore Ier, Roi de Corse, erklärte
er Cervione und den Bischofspalais
1736 zu seinem Amtssitz. Nach nur
sieben Monaten musste er Korsika
wieder verlassen und Cervione verlor seinen Titel als Inselhauptstadt.
Die bezaubernden kleinen Gassen
des Ortes lohnen einen kurzen Spaziergang genauso wie ein Blick in
die Barockkirche **Cathédrale Saint-
Erasme** (1714) mit ihrem schlanken
Glockenturm und einem reich verzierten Altarraum. In den altehrwürdigen Palais des Ortes haben sich
einige Kunsthandwerker und Spezialitätengeschäfte niedergelassen. Cervione gilt als Zentrum des Haselnussanbaus, der auf den Plantagen
unterhalb des Ortes betrieben wird.
Überall im Ort wird daher Haselnusscreme verkauft. An der engen
Durchgangsstraße A Traversa laden
Terrassen-Cafés und Restaurants
zum »farniente« ein.
32 km nördlich von Aléria

MUSEEN

Musée ADECEC

Der Kulturverein mit dem sperrigen Namen »Association pour le Développement des Etudes archéologiques, historiques, linguistiques et naturalistes du Centre-Est de la Corse« betreibt im ehemaligen Bischofspalais von Cervione ein Völkerkundemuseum, das ein Sammelsurium aus Alltagsgegenständen, Werkzeugen, geologischen Exponaten und archäologischen Funden zeigt. Eine Schmiedewerkstatt, eine korsische Bauernküche und ein Wohnraum aus der Castagniccia, eine Schnapsbrennerei sind ebenso zu sehen wie Ausstellungsstücke zu Baron von Neuhoff, dem ersten und einzigen König der Insel. Der Verein betreibt außerdem die korsischsprachige Radiostation »Voce Nustrale« (dt. Unsere Stimme) und eine Datenbank der korsischen Sprache.
Piazza Ghjuvanni Simonetti • Tel. 04 95 38 12 83 • www.adecec.net • tgl. 10–12 und 14.30–18 Uhr, 3 €

Moriani-Plage   F5
1700 Einwohner
Moriani gehört zu den wenigen Orten an der Ostküste, die direkt am Meer liegen. Feriendörfer, Hotels, Campingplätze und Restaurants an Sandstränden prägen das Bild dieser beliebten Ferienregion, die Marketingstrategen »Costa Verde« (dt. Grüne Küste) getauft haben. Neben guten Bade- und Wassersportmöglichkeiten haben die Küstenorte hier nicht viel zu bieten. Moriani ist allerdings ein idealer Ausgangspunkt für eine Fahrt in die Castagniccia (▶ S. 104).
32 km nördlich von Aléria

MERIAN Tipp

DIE VERLOCKENDEN DÜFTE DER COSTA VERDE
Heilpflanzen und aromatische Kräuter der Maquis werden von einer deutschen Familie im Hinterland von Moriani zu wohlriechenden Kosmetikprodukten und Ölen verarbeitet – alles bio, versteht sich!   ▶ S. 16

ÜBERNACHTEN

Hotel San Francescu
Familiär und ruhig • Das familiengeführte Haus liegt abseits von Küste und Route Nationale ruhig im Landesinneren. Gepflegte Zimmer, tolle Gartenanlage und kleiner Pool.
Chemin de Valicella, Santa Lucia di Moriani • Tel. 04 95 38 77 42 • www.hotelsanfrancescu.com • 25 Zimmer • & • €€
2 km nördlich von Moriani-Plage

Residence Le Clos des Vendanges
Wohnen in einer alten Ölmühle • Das aufwendig restaurierte und gepflegte Anwesen liegt in einem schönen kleinen Park mit alten Eichen und mediterranen Pflanzen. Die Villen und Appartements mit viel Privatsphäre teilen sich einen Gemeinschaftspool. Knapp 500 m vom Strand in Moriani-Plage.
Route de Poggiole, Moriani-Plage • Tel. 06 13 10 82 85 • www.leclosdes vendanges.com • €€

ESSEN UND TRINKEN

 L'Ortu
Vegetarier-Paradies, natürlich Bio • Maurice bietet in seinem Gartenrestaurant vegetarische Bio-Küche

Im Lagunensee von Urbino (▶ S. 71) werden Austern und Miesmuscheln gezüchtet, im schwimmenden Restaurant kann man sich die Schalentiere schmecken lassen.

und traditionelle Gerichte mit Zutaten aus nachhaltiger Landwirtschaft. Mitbringsel wie Honig, köstliche Marmeladen und Kräuter aus eigener Produktion kann man käuflich erwerben.
Route de Venzolasca • Tel. 04 95 36 64 69 • Juni–Ende Sept. Di–So ganztags • €€

EINKAUFEN
Le Florentin Boulangerie Patisserie
Die besten Canistrelli der Ostküste • Die trockenen Biskuitkekse Canistrelli sind ideale Begleiter zum Nachmittagskaffee oder -tee. Die Leckereien besitzen traditionell eine leichte Anisnote, bei Florentin gibt es sie aber auch mit Mandeln, Zitrone, Haselnüssen oder Maronenmehl. Außerdem werden hier gutes Brot, Brocciu-Beignets und Fiadone verkauft.
Route Nationale 198 • Tel. 04 95 38 45 86 • riolaccipaola@wanadoo.fr oder www.facebook.com/copaola • ganzjährig tgl. 10–20 Uhr

◎ Solenzara
1300 Einwohner
Der hübsche Hafen von Solenzara, früher wichtige Schnittstelle für die regen Handelsbeziehungen Korsikas mit der Insel Elba, ist heute ein großer Jachthafen mit Restaurants und Cafés. Im Sommer finden hier regelmäßig Wassersportevents und Konzerte statt. Im Tal des gleichnamigen Wildbachs liegen in den dichten Forsten aus Schwarzkiefern, Buchen und Steineichen zahlreiche Badegumpen, in denen man in das glasklare und eiskalte Bergwasser springen kann. Autofahrer erreichen das Tal, wenn sie kurz vor Solenzara auf die D268 abbiegen.
33 km südlich von Aléria

Bastia und das Cap Corse

Voller Gegensätze präsentiert sich der Norden Korsikas. Das Cap Corse bietet unterschiedlichste Landschaften auf kleinster Fläche, und Bastia lädt zum Flanieren ein.

◀ San Michele de Murato (▶ S. 83) gilt aufgrund ihrer Farbgebung als die eleganteste romanische Kirche Korsikas.

In Bastia sind die Korsen ihren italienischen Nachbarn ganz nah – und das nicht nur, weil alle paar Stunden eine Fähre Richtung Toskana und Ligurien ablegt. Das **Cap Corse** ⭐ mit seinen romantischen, kleinen Bergdörfern, Fischereihäfen und einsamen Buchten gleicht einem Korsika in Miniatur. Der **Désert des Agriates** ⭐ heißt zwar Wüste, ist aber keine. Dieser einsame Küstenabschnitt ist alles andere als öde und absolut sehenswert. Im fruchtbaren Nebbio kann man Weinkultur und Kirchenkunst erleben. In den großen Lagunenseen südlich von Bastia tummeln sich Reiher, Zugvögel und Flamingos.

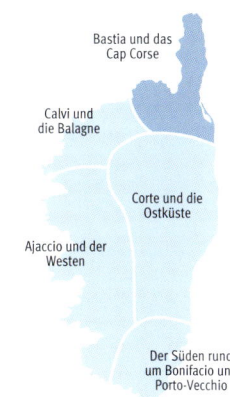

Bastia und das Cap Corse

Calvi und die Balagne

Corte und die Ostküste

Ajaccio und der Westen

Der Süden rund um Bonifacio und Porto-Vecchio

Bastia E 3

48 000 Einwohner
Stadtplan ▶ S. 77

Bastia ist die zweitgrößte Stadt der Insel, wirtschaftliches Zentrum und Hauptstadt des Départements Haute-Corse. Es ist eine Stadt mit vielen Gesichtern: Die große Place Saint Nicolas lädt zum Flanieren ein und gibt sich mit ihren Straßencafés und Platanen ganz französisch. Der alte Hafen Port Vieux und die mittelalterliche Zitadelle mit ihren wuchtigen Bastionen (der Name der Stadt leitet sich von »bastiglia« ab, italienisch für kleine Bastion) erinnern an vergangene Zeiten, und die Verwaltungs- und Wohngebäude der Neustadt, die sich vom Bahnhofs- und Regierungsviertel hoch in die steilen Hügel ziehen, repräsentieren das moderne Bastia. Im Süden der Stadt, entlang der Einfallsstraße aus Ajaccio, liegt außerdem Korsikas einziges nennenswertes Industriegebiet.

Von der alten prähistorischen Besiedlung zeugt heute nichts mehr, die Stadt in ihrer heutigen Form geht auf das Jahr 1378 zurück. Damals beschloss der genuesische Gouverneur Leonelli Lomellini, oberhalb des kleinen Fischerhafens Cardo (heute Terra Vecchia) eine Festungsstadt (heute Terra Nova) zu errichten. Die Lage war ideal, um das strategisch bedeutende Cap Corse zu kontrollieren, denn zwischen Korsika und der Toskana bestanden in jener Zeit rege Handelsbeziehungen: Wein, Honig und Olivenöl aus Patrimonio und der Balagne wurden in Bastia verschifft. Unter Napoleon verlor Bastia den Titel als korsische Hauptstadt an die Geburtsstadt des französischen Kaisers, Ajaccio.

SEHENSWERTES

La Citadelle – Terra Nova ▶ S. 77, C 5

Die von einer wuchtigen Mauer umgebene Zitadelle führte lange Zeit ein Schattendasein. Aber heute sind viele Palais und Gotteshäuser der Anlage renoviert und strahlen in neuem Glanz. Der Neubau einer Tiefgarage unter der Place Vincetti soll zur Verbesserung der Infrastruktur beitragen und das mittelalterliche Herz von Bastia für Besucher noch attraktiver machen. Man betritt die Zitadelle durch das gewaltige Doppeltor **Porte Louis XVI**, das auf die Place du Donjon führt. Im Palast der genuesischen Gouverneure (»Ancien Palais des Gouverneurs«) ist heute das **Musée de Bastia**, das Stadtmuseum (▶ S. 76), untergebracht. Eine enge Gasse führt von hier zur **Église Ste-Marie de l'Assomption**. Die ehemalige Kathedrale der Diözese Mariana war bis 1802 Sitz des Bischofs und wurde im 17. Jh. im genuesischen Barockstil erweitert. Das prächtig dekorierte Kircheninnere wartet mit einem Taufbecken aus Gold und Marmor auf. Sehenswert ist auch der mehrfarbig gestaltete Boden aus weißem Carrara-Marmor, blauem Marmor aus Corte und rotem Marmor aus Oletta. In einem Seitenschiff ist eine hübsche Figurengruppe zu Motiven von Mariä Himmelfahrt zu sehen.

Gleich nebenan befindet sich der zweite Kirchenbau der Zitadelle, die **Chapelle Saint-Croix**. Eine Besonderheit des von außen unscheinbaren Baus ist ein Kreuz aus schwarzem Ebenholz in einer Seitenkapelle. Der Legende nach wurde es 1428 von zwei Fischern entdeckt und aus dem Meer gefischt. Sehenswert ist außerdem das schmucke Rokokogewölbe in Gold und Himmelblau.

Église Saint-Jean Baptiste
▶ S. 77, b 4

Majestätisch wacht die größte Kirche Korsikas mit ihrer imposanten Barockfassade über den alten Hafen von Bastia. Besonders sehenswert ist das Altarretabel mit einer realistischen Darstellung der Enthauptung Johannes' des Täufers aus der Schule von Gerrit van Honthorst (17. Jh.). Zwei Seitenschiffe sind den Fischern der Stadt und dem Schutzpatron der Seefahrer, Sankt Erasmus, geweiht. Die schmucke Kirche ist vor allem für Hochzeiten beliebt. Gleich rechts hinter der doppeltürmigen Barockkirche befindet sich die große Place du Marché, auf dem samstags und sonntags der **Wochenmarkt** stattfindet (8–13 Uhr).

Place Saint-Nicolas ▶ S. 77, b 2/3

Auf dem von Straßencafés und Restaurants, Platanen und Palmen gesäumten Platz pulsiert das Leben der nordkorsischen Metropole. Neben einem hübschen Musikpavillon erhebt sich ein beeindruckendes, klassizistisches Standbild Napoleons mit römischer Toga (1853), ein Werk des Florentiner Künstlers Lorenzo Bartolini. Auf der gegenüberliegenden Seite erinnert ein Denkmal an die Gefallenen des Ersten Weltkriegs, und am nordöstlichen Ende des über 300 m langen Platzes erinnert ein Nachbau der Kommandobrücke des französischen U-Boots Casabianca an den Zweiten Weltkrieg: Das Tauchboot hatte 1942 mehrfach Waffen aus Algerien geschmuggelt. Sonntagmorgens findet auf der Place Saint-Nicolas ein großer Flohmarkt statt.

MUSEEN
Musée de Bastia ▶ S. 77, b 5

Ein Besuch des Stadtmuseums von Bastia lohnt allein schon wegen des beeindruckenden Gouverneurspalastes, in dem es untergebracht ist:

Bastia 77

Der 1530 fertiggestellte Palast gilt als die einzige von den Genuesen errichtete burgähnliche Palastanlage im Mittelmeer. Sie grenzt unmittelbar an einen alten Wachturm und beherbergte einst neben einem Gefängnis die Verwaltungsgebäude und das Wohnhaus des Statthalters von Genua. Die 2010 fertiggestellten, postmodernen Gebäudeteile des Museums ersetzten die im Zweiten Weltkrieg von deutschen Bomben zerstörten Flügel des Palais. Heute beherbergt das Musée de Bastia neben einer umfangreichen stadtgeschichtlichen Sammlung, die Einblicke in den Alltag der alten korsischen Hauptstadt zulässt, über hundert Kunstwerke, in erster Linie italienische Gemälde des 16. bis 18. Jh. aus der Sammlung Fesch aus Ajaccio. Außerdem werden in den Gemäuern häufig Wechselausstellungen gezeigt. Von der Terrasse des Palastgartens bietet sich ein schöner Blick auf die Église Saint-Jean Baptiste.
Place du Donjon – La Citadelle • Tel. 04 95 31 09 12 • www.musee-bastia.com Juli–Mitte Sept. Mo–So 10–19 Uhr, April–Juni und Mitte Sept.–Okt. Di–So 10–18 Uhr, Nov.–März Di–Sa 9–12 und 14–17.30 Uhr • 5 €, nur Palastgarten 1 €

SPAZIERGANG
Stadtplan • S. 77
Parallel zur Place Saint-Nicolas verläuft die Hauptgeschäftsstraße **Boulevard Paoli**, die zum Flanieren und Shoppen in zahlreichen kleinen Boutiquen einlädt. Folgen Sie dem Boulevard in südlicher Richtung bis zum Gerichtsgebäude des Cour d'Appel und biegen Sie links ab in den Boulevard Auguste Gaudin. Nun geht es weiter durch das Doppeltor in die **Zitadelle** mit der Église Ste-Marie de l'Assomption, der Chapelle Saint-Croix und dem Gouverneurspalast. Durch den hängenden Garten des **Jardin Romieu** unterhalb der Zitadelle geht es mit herrlichen Ausblicken durch Palmen und Lorbeerbäume auf den Hafen und das Viertel **Terra Vecchia** zum Quai du Sud und zum Alten Hafen mit der **Église Saint-Jean Baptiste**. Zurück zum Ausgangspunkt unseres Rundgangs geht es über den Marktplatz durch das Viertel von Terra Vecchia mit seinen bunten Boutiquen und Kunsthandwerksläden.
Dauer: 1,5 Std.

ÜBERNACHTEN
Hotel Demeure Castel Brando E 2
Charme und Klasse • Vier-Sterne-Hotel in einem Maisons d'américains-Palais aus dem 19. Jh. Die Zimmer im Haupthaus sind teilweise mit Antiquitäten ausgestattet, die neuen Zimmer in den Nebengebäuden liegen ruhiger. Schöner Garten mit kleinem Pool und Palmen.
Erbalunga (Brando) • Tel. 04 95 30 10 30 • www.castelbrando.com • 46 Zimmer • ♿ • €€€
10 km nördlich von Bastia

Hotel Pietracap E 3
Komfortabel mit Meerblick • Hotel mit Pool und herrlichem Garten, etwas außerhalb in einem Villenviertel versteckt. Knallige 70er-Jahre-Farben, viele Zimmer mit kleiner Balkon-Loggia und Meerblick.
San Martino di Lota, 20 Route de San Martino • Tel. 04 95 31 64 63 • www.pietracap.com • 39 Zimmer • €€
3 km nördlich von Bastia

Lebendig geht es im alten Hafen von Bastia zu, der von der schmucken Barockfassade der Église Saint-Jean Baptiste (▶ S. 76) überragt wird.

Hotel du Vignoble 👶🍴 📖 E3
Preiswert und sauber • Direkt in einem hübschen Winzerort gelegenes Hotel mit großen Zimmern. Die edlen Tropfen des Weinguts Domaine Montemagni kann man direkt im angeschlossenen Weinkeller testen.
Patrimonio • Tel. 04 95 37 18 48 • www.hotel-du-vignoble.com •
12 Zimmer • €
18 km westlich von Bastia

Hotel Le Saint Jean 📖 D1
Blick auf den Sonnenuntergang • Bunte Themenzimmer mit Afrika-Dekors, Blumenmustern, romantischem Himmelbett oder mit Leopardenmustern. Meist mit Panoramabalkon, in einem alten Palais untergebracht.
Hameau De Botticella, Ersa • Tel. 04 95 47 71 71 • www.lesaintjean.net •
9 Zimmer • €
48 km nördlich von Bastia

ESSEN UND TRINKEN

Chez Vincent ▶ S. 77, b/c 5
Tolle Aussicht auf den Hafen • Korsische Gerichte, schön angerichtet und auf Schieferplatten serviert. Beim Essen eröffnet sich ein toller Blick über den Hafen von Bastia. Es gibt nur wenige Terrassenplätze, besser reservieren!
Rue St Michel 12 • Tel. 04 95 31 62 50 •
tgl. 10–14 und 19.30–1 Uhr, Samstagmittag und sonntags geschl. • €€€

Grazie Mille 👶🍴 ▶ S. 77, b 3/4
Leckere Meeresfrüchte-Pasta • Italienisches Flair weht vom nahen Stiefel herüber in dieses kleine Restaurant am Marktplatz. Hausgemachte Nudeln in reichlichen Portionen. Kleiner Außenbereich und wenige Tische in einem alten Gewölbe.
Place du Marché • Tel. 04 95 32 38 22 •
tgl. 12–14 und 19.30–1 Uhr, dienstags und Mittwochmittag geschl. • €€

EINKAUFEN

Cap Corse ▶ S. 77, b 2

Ein Besuch des Ladens der Firma Mattei, Heimat des Likörs Cap Corse, lohnt allein schon wegen der herrlichen Einrichtung im Kolonialstil. Liköre, Schnäpse, aromatisierte Weine und traditionelle Sirups.
Boulevard du Général de Gaulle 15 • Tel. 04 95 32 44 38 • www.capcorsemattei.com • Mo–Sa 8–12 und 14–19 Uhr

SERVICE

AUSKUNFT

Office du Tourisme ▶ S. 77, b 2/3

Place Saint Nicolas • Tel. 04 95 54 20 40 • www.bastia-tourisme.com • Mo–Sa 8–18, So 8–13 Uhr, im Sommer länger

Ziele in der Umgebung

◉ La Canonica E 4

Südlich des Flughafens von Bastia im Mündungsgebiet des Golo steht die wuchtige ehemalige Kathedrale Sainte-Marie-de-l'Assomption de Lucciana (auch als »La Canonica« bekannt) am Straßenrand. Das Musterbeispiel der pisanischen Frühromanik (1119) besitzt den Grundriss einer Basilika und eine halbrunde Apsis mit Halbkuppel. Die schlichte Eleganz des Äußeren aus mehrfarbigem Naturstein setzt sich auch im minimalistischen Innern fort, das kürzlich renoviert wurde. Das Gotteshaus war einst Bischofssitz des Bistums Marianna, bis die Diözese aus der malariaverseuchten Sumpfebene nach Bastia verlegt wurde.

Südlich der Kirche befindet sich die Ausgrabungsstätte der römischen Garnisonsstadt Mariana und einer frühchristlichen Basilika aus dem 4. Jh. Bald soll an dieser Stelle das vom Fürstentum Monaco gesponserte »Musée archéologique de Mariana – Prince Rainier III« entstehen. Kirchenbesichtigung von Juli–Mitte Sept. 8.30–12 und 14–19 Uhr • www.musee-mariana.com
21 km südlich von Bastia beim Flughafen

◉ Col de Teghime E 3

Auf der Passhöhe zwischen Bastia und Saint Florent erinnert ein Denkmal an die Schlacht um diesen strategisch wichtigen Bergübergang im Jahr 1943. Der Blick, der sich von hier aus über den Désert des Agriates eröffnet, ist umwerfend, besonders bei Sonnenuntergang.
11 km westlich von Bastia

◉ Défilé de Lancone E 4

Das enge Sträßchen vom Col de Santo Stefano Richtung Biguglia verläuft dicht an den steilen Berghängen des Bevinco-Tals. Die Strecke ist für Radler und Motorradfahrer abenteuerlich, für große Autos und Camper aber ein Albtraum.
12 km südlich von Bastia

◉ Désert des Agriates C/D 3

Die »Agriatenwüste« wird ihrem Namen eigentlich nicht gerecht: Im Frühjahr steht der Landstrich zwischen Saint-Florent und der Balagne in voller Blüte, und in den Sommermonaten trotzen die Mastixsträucher, Myrten- und Ginsterbüsche der erbarmungslosen Sommerhitze. Auf fast 40 km Küstenlinie gibt es weder Dorf noch Wohnhaus, und in der Nebensaison ist der Landstrich wirklich menschenleer wie eine Wüste. Im Juli und August sorgen hingegen Ausflugsboote, Jeep-Exkursionen,

Mountainbike-Verleiher und Trekkinggruppen für jede Menge Leben auf der über 15 000 Hektar großen Halbinsel aus Felsen und Maquis-Wäldern. Von Saint-Florent aus bieten zahlreiche Anbieter Bootsfahrten zur **Plage du Lotu** und zur über 1 km langen **Plage de Saleccia** an (▶ S. 83). Beide Strände sind nur auf dem Seeweg oder zu Fuß erreichbar. Die lohnenden Bootstouren führen an dem von den Engländern im Jahr 1796 halb zerstörten Genueserturm **Tour de Mortella** vorbei, der sich malerisch direkt an der Küste erhebt und seit Jahrhunderten Wind und Wetter die Stirn bietet.

30 km westlich von Bastia

◎ Étang de Biguglia 👫 E 4

Der 11 km lange Lagunensee ist der größte Korsikas und ein Paradies für zahlreiche Seevögel, Flamingos und Reptilien. An der schönen Plage de Marana trifft sich im Sommer ganz Bastia. Ruhiger ist es am südlichen Ende, wo ein schöner Pinienhain den Strand säumt. Ein kleines Fort aus der Zeit der Genueser (16. Jh.) liegt auf einer Insel mitten in der Lagune und beherbergt heute das kleine Naturkundemuseum **Écomusée du Fortin**.

Écomusée du Fortin • Juli, Aug. Di–Sa 9–16 Uhr, Sept.–Juni Di–Sa 9–12 und 13–17 Uhr • Juli, Aug. 2 €, Sept.–Juni Eintritt frei

7 km südlich von Bastia

◎ Saint-Florent D 3
1700 Einwohner

Zwischen dem Désert des Agriates und dem gewaltigen Finger des **Cap Corse** ⭐ liegt das mondäne Saint-Florent. Das Städtchen wird häufig

⭐ MERIAN Tipp

EXZELLENTE WEINE AUS DEM NEBBIO

Die besten Weine der Insel kommen aus den fruchtbaren Hügeln des Nebbio. Fast alle besitzen eine Herkunftsgarantie, und viele Winzer haben sich dem biologischen Weinbau verschrieben. ▶ S. 16

auch »le petit Saint-Tropez« genannt. Bei einem Spaziergang entlang der Jachten an der Marina wird schnell deutlich, warum. In Dutzenden Clubs und Cocktailbars am Port de Plaisance fließt Champagner in Strömen, und der Jetset, der gerne auf einen Sprung von der Côte d'Azur oder aus dem nahen Ligurien vorbeikommt, mischt sich unter die Leute, die Abend für Abend die Hafenpromenade und die kleinen Altstadtgassen bevölkern. Die hübsche Place Doria, die sich zwischen Hafen und Zitadelle erstreckt, bildet eine lichte Insel inmitten der dunklen Gassen der Altstadt. Der beschauliche Platz ist gesäumt von netten Restaurants, Pizzerien, Eisdielen und Andenkengeschäften. Sehenswert ist der kleine Brunnen und die schlichte Kirche von Sainte-Anne mit ihrem pittoresken Glockenturm (18. Jh.).

Die Mauern der wuchtigen **Zitadelle** von Saint-Florent und die alten pastellfarbenen Häuser erinnern an die strategische Bedeutung, die der heutige Badeort einst besaß: Bereits die Römer erbauten hier einen Handelshafen; in der Zitadelle aus dem 15. Jh. residierten die genuesischen Statthalter. Der wuchtige Donjon, ein runder Wohnturm, ist der einzige Überrest einer Wehrfestung, die die Genueser hier um 1440 errichtet hatten. Das runde Gebäude war einst von Rundmauern und Wirtschaftsgebäuden umgeben und wurde später zum Bischofssitz und Gouverneurspalast umgestaltet.

Schon die Fahrt zum Restaurant Campo di Monte (▶ S. 83) ist ein Abenteuer.

Heute beherbergen die notdürftig hergerichteten Räumlichkeiten eine Kunstsammlung mit Wechselausstellungen lokaler Künstler (nur zur Saison, 9–12 und 14.30–19.30 Uhr, 2 €). Im 17. Jh. wurden die nutzlos gewordenen Verteidigungsmauern aufgegeben, Reste davon sind aber noch gut zu erkennen. Auf dem Vorplatz der Zitadelle findet jedes Jahr am ersten Augustwochenende das Porto Latino Festival für lateinamerikanische und kubanische Musik statt (www.porto-latino.com).
25 km westlich von Bastia

SEHENSWERTES
Santa Maria Assunta, Cathédrale du Nebbio
Die ehemalige Kathedrale des **Nebbio**, wie das Hinterland von Saint-Florent genannt wird, ist ein Paradebeispiel für den romanisch-pisanischen Baustil auf Korsika. Sie wurde um 1140 als Bischofssitz geplant und lag ursprünglich an der Küste, heute steht sie wegen der Verlandung und Trockenlegung des ehemaligen malariaverseuchten Sumpfgebiets von Saint-Florent 1 km landeinwärts. Sehenswert ist v. a. die schlichte Kalksteinfassade und im Innern sind wunderbare Säulenkapitelle zu sehen. In einer Seitenkapelle werden die Reliquien des Heiligen Florus, des Schutzpatrons der Stadt, aufbewahrt. Der von den Einwohnern schlicht »St. Flor« genannte Märtyrer starb im 3. Jh. als römischer Soldat zur Zeit der Christenverfolgung. Seine Gebeine wurden 1771 aus Rom nach Saint-Florent überführt.
Am östlichen Ortsausgang von Saint-Florent an der D238 • nur zur Saison öffentlich zugänglich, in der Nebensaison ist der Schlüssel im Office du Tourisme erhältlich • mit Audioguide

ÜBERNACHTEN
U Palazzu Serenu E3
Historisch mit Vier-Sterne-Design • Außergewöhnliches Boutiquehotel in einem Herrenhaus aus dem 17. Jh. mit spektakulärem Interieur mit vielen Kunstwerken. Schmaler, 20 m langer Pool, Restaurant und Garten mit Meerblick.
Lieu-dit Paganacce, Oletta • Tel. 04 95 38 39 39 • www.upalazzuserenu.com • 8 Zimmer • €€€€
10 km südöstlich von Saint-Florent

Hotel Tettola
Herzlicher Empfang • Diese angenehme Unterkunft im Norden von Saint-Florent liegt direkt an einem Kieselstrand und bietet geräumige saubere Zimmer – es lohnen sich insbesondere die mit Meerblick!
Cisternu Supranu • Tel. 04 95 37 08 53 • www.hoteltettola.com • 29 Zimmer • €€€

La Roya
Relaxen direkt am Meer • Unterkunft mit einer gepflegten Gartenanlage und Privatstrand, ideal zum Ausspannen. Gutes Hotelrestaurant, allerdings hoher Aufpreis für das Frühstück.
Route La Plage • Tel. 04 95 37 00 40 • www.hoteldelaroya.com • 33 Zimmer und Suiten • ♿ • €€€

ESSEN UND TRINKEN
🌱 Le Potager du Nebbio
📖 E 3

Bio-Restaurant mit shabby Chic • Im »Garten des Nebbio« kommt nur Gemüse und Obst vom eigenen Bio-Hof auf den Tisch. Serviert im bunt dekorierten Garten, abends romantisch mit Kerzen und Lichterketten. Auch nur Vegetarisches. Verkauf von Bio-Gemüse, hausgemachten Chutneys und Pesto-Saucen.
Oletta, Route de San Griolo • Tel. 06 17 17 45 53 • zur Saison tgl. 11.45–14 und 18–22.30 Uhr, außerhalb der Saison Hofladen • €€

SERVICE
AUSKUNFT
Office Municipal du Tourisme
B.P. 53 • Tel. 04 95 37 06 04 • www.corsica-saintflorent.com • Mo–Fr 9–12 und 13.30–17.30, Sa 9–12 Uhr

⭐ MERIAN Tipp
LA FERME DE CAMPO DI MONTE
Das Landrestaurant in Murato von Pauline Juillard ist von Steineichen und Kastanien umgeben. Auf den Tisch kommt leckere korsische Küche mit Fleisch und Käse vom eigenen Hof – mit tollem Ausblick! ▶ S. 17

BOOTSAUSFLÜGE
Le Popeye
Täglich fahren Shuttleboote zu den Stränden des Désert des Agriates.
Saint-Florent • www.lepopeye.com • April–Juni und Sept.ab 9 Uhr, Juli und Aug. ab 8.30 Uhr • 16 € Plage du Lotu, 25 € Plage de Saleccia

◎ San Michele de Murato
📖 D/E 4

Dieses herrliche Exemplar romanisch-pisanischer Kirchenbaukunst erhebt sich 475 m über dem Meer auf der Spitze einer Bergkuppe und genießt einen fantastischen Ausblick auf die Bucht von Saint-Florent. Die außergewöhnliche Fassade mit Streifen aus dunkelgrünem Schiefer- und weiß leuchtendem Kalkstein erzielt einen ähnlichen optischen Schwarz-Weiß-Effekt, wie man ihn von den Marmorkirchen der Toskana kennt. An den Außenwänden der Kirche gibt es zahlreiche Ornamente, naive Tier- und Menschenfiguren sowie eine Darstellung des Sündenfalls zu entdecken. Das Innere der Kirche ist aber nicht besonders reizvoll.
Murato, 24 km südwestlich von Bastia

ESSEN UND TRINKEN
La Ferme de Campo di Monte
▶ MERIAN Tipp, S. 17

Calvi und die Balagne

Die Balagne wird auch der Garten Korsikas genannt: Alte Bergdörfer verstecken sich in den Hügeln, fantastische Badebuchten reihen sich wie Perlen auf einer Kette entlang der Küste.

◂ Die geschäftige Hafenpromenade von Calvi (▶ S. 86) lädt mit ihren Cafés und Restaurants zum Flanieren ein.

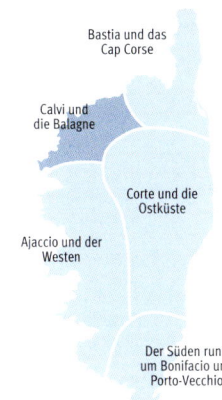

Mondäne Hafenstädte mit Traumstränden direkt vor der Haustür, wunderschöne Sonnenuntergänge entlang der Küste, fruchtbare Hügel mit Olivenhainen und Mandelbäumen sowie einsame Bergdörfer, die sich ihren mittelalterlichen Charme bewahrt haben: Die Balagne, die wegen ihrer fruchtbaren Ebenen auch der Garten Korsikas genannt wird, ist die ideale Urlaubsregion für Aktivsportler oder Paare und Familien, die Abwechslung suchen. Trendige Beachbars laden zum Tanz, Kunsthandwerker lassen sich bei ihrem traditionellen Tagwerk über die Schulter gucken, die einsamen Kiefernwälder der Forêt de Bonifato bieten beste Wander- und Kletterbedingungen und nächtliche Bootstouren im Golf von Calvi versprechen Romantik pur. Im Süden reicht die sanfte Hügellandschaft der Balagne bis an das Monte Cinto-Massiv heran. Die höchsten Bergen der Insel sind häufig noch schneebedeckt, wenn sich am sanft abfallenden Strand von Calvi die ersten Badegäste tummeln.

Calvi   B 4

5500 Einwohner
Stadtplan ▶ S. 87

Der Hauptort der Region Balagne ist eine Feriendestination der Spitzenklasse. Der knapp 5 km lange, traumhaft helle und von einem Pinienwald geschützte **Stadtstrand** zählt mit seinem seichten familienfreundlichen Zugang und einer einzigartigen Aussicht auf die wuchtige Trutzburg der mittelalterlichen Altstadt zu den schönsten der Insel. Die **Festung** von Calvi wurde 1268 von den Genuesern auf den Grundmauern einer römischen und pisanischen Siedlung gegründet und war jahrhundertelang fest in den Händen der Seerepublik. Noch heute steht über dem Eingang der Zitadelle zu lesen: »civitas calvi semper fedelis« – die Bürger von Calvi sind stets (Genua-)treu. Die korsischen Unabhängigkeitskämpfer bissen sich an dem genuesischen Brückenkopf lange die Zähne aus, doch schließlich wurde er – nach einem kurzen Intermezzo der Engländer – wie ganz Korsika 1796 französisch. Angeblich wurde Christoph Kolumbus 1451 in Calvi geboren – auch wenn zahlreiche andere Städte in Italien, Spanien und Portugal von sich behaupten, der Geburtsort des berühmten Seefahrers zu sein.

SEHENSWERTES
Citadelle   ▶ S. 87, c 1/2
Wuchtige Befestigungsmauern aus riesigen Granitblöcken, eine Zugbrücke und drei Bastionen auf der Landseite schützten einst die mittelalterlichen Häuser, Kirchen und

Palais. Heute hält der steile Aufstieg viele Urlauber davon ab, die Altstadt zu erklimmen. Aber die Mühe lohnt sich! In den hübschen mittelalterlichen Häusern haben sich viele kleine Restaurants und Kneipen niedergelassen.

Höchster Punkt der Bastion ist die Laternenkuppel der von außen sehr schlicht gehaltenen Barockkirche **Église St-Jean-Baptiste**. Die Grundmauern der Kirche stammen aus dem 13. Jh., sie wurde aber 1567 durch die Explosion des benachbarten Pulvermagazins schwer beschädigt und neu errichtet. Das Kircheninnere birgt jede Menge Kunstschätze. Besondere Erwähnung verdienen der reich verzierte Marmoraltar, die Kanzel aus Eichenholz und ein mit Engelsköpfen verziertes Weihwasserbecken aus Alabaster von 1443. Rechts des Chors steht eine hübsche Christusfigur aus Ebenholz mit Silberschurz. Im Jahr 1555 soll dieser wundertätige »Christe Noir des Miracles« dafür gesorgt haben, dass eine Belagerung durch türkische Piraten unerwartet beendet wurde. Am ehemaligen Exerzierplatz **Place d'Armes** liegt der ehemalige Palast der genuesischen Statthalter (13. Jh.). Heute sind in der Caserne Sampiero die Fallschirmjäger der Fremdenlegion untergebracht (keine Besichtigung möglich).

SPAZIERGANG
Stadtplan ▶ S. 87

Unser Rundgang durch Calvi beginnt am Bahnhof. Gehen Sie von der Place Porteuse d'Eau über die Rue Georges Clemenceau vorbei an kleinen Geschäften, Spezialitätenläden und Boutiquen. Auf der linken Seite fällt die **Marienkirche** Sainte-Marie-Majeure (1774) mit ihrer großen Kuppel ins Auge, auf dem einladenden Kirchplatz locken charmante Restaurants und Brasserien. Gleich daneben liegt die **Markthalle** (Marché Couvert, tgl. 9–13 Uhr). Die Rue Clementeau führt direkt auf die große Place de Christophe Colomb. Am Eingang zur **Zitadelle** erinnert ein modernes Kolumbus-Denkmal an den vermeintlich berühmtesten Sohn der Stadt: Eine Kolumbusbüste auf einem halben Boot aus Granitstein bricht aus der Mauer hervor und scheint sich aufzumachen in die Neue Welt. In der Zitadelle erinnert eine Bronzetafel an die einzige noch erhaltene Mauer seines angeblichen Geburtshauses. Der Rückweg führt entlang der Hafenpromenade **Quai Landry** mit ihren Restaurants, Musikkneipen und Lounge-Bars.
Dauer: 1,5 Std.

ÜBERNACHTEN
Auberge Relais La Signoria
▶ S. 87, südl. a 1

Historisches Ambiente • Wer Ruhe und Fünf-Sterne-Luxus mag, ist hier richtig. Das ehemalige genuesische Landgut im Stil des 18. Jh. trumpft mit royaler Einrichtung und individuell gestalteten Zimmern und Suiten auf; eigenes Strandrestaurant an der Plage de Calvi.
Route de la Forêt de Bonifato • Tel. 04 95 65 93 00 • hotel-la-signoria.com • 29 Zimmer und Luxusvillen • ♿ • €€€€
4 km östlich von Calvi

Hotel La Caravelle ▶ S. 87, südl. b 1
Sensationelle Strandlage • Das Hotel La Caravelle liegt direkt am langen Strand von Calvi. Das Haus verfügt über einen eigenen Strandabschnitt,

einen herrlichen Garten und ein Strandrestaurant »Marco Plage« mit Blick auf die Zitadelle. Klar, dass solch eine Lage ihren Preis hat! Route de la plage • Tel. 04 95 65 95 50 • www.hotel-la-caravelle.com • 36 Zimmer • €€€
1 km vom historischen Ortszentrum

Hotel Revellata ▶ S. 87, b 2
Modern mit herrlichem Meerblick • Eine der besseren Adressen in Calvi im mittleren Preissegment. Die Zimmer sind modern und sauber, alle bieten Blick auf das Meer und die Revellata-Halbinsel, fünf Minuten Fußweg zum Zentrum. Avenue Napoléon, oberhalb der Zitadelle • Tel. 04 95 65 01 89 • www.hotelrevellata.com • 57 Zimmer • ♿ • €€€

**Résidence Campo
Di Fiori** ▶ S. 87, südl. a 1
Romantisch mit Stilmöbeln • In einer feinen Gegend, versteckt in einem 3000 qm großen Garten, liegen die kleinen Villen und Fremdenzimmer von Marie Geneviève. Sie sind überbordend eingerichtet mit bezauberndem Mobiliar, Lampen und Vitrinen. Außerdem gibt es ein kleines Restaurant im herrlichen Garten.

Die roten Triebwagen der Tramway de Balagne (▶ MERIAN TopTen, S. 93) passieren auf der Route von Calvi nach Bastia malerische Küstenabschnitte.

Campo di Fiori • Tel. 04 95 48 34 60 • www.location-campodifiori.com • 12 Villen • €€€
2 km östlich des Zentrums

Hotel Cesario ▶ S. 87, südl. a 1
Landhotel mit fairen Preisen • Etwa 5 km vom Meer entfernt liegt diese kleine Unterkunft mit Pool und großen Zimmern auch für Familien, Frühstück mit frischen Brötchen und Croissants.
Route de Calenzana • Tel. 04 95 65 95 00 • www.hotelcalvi.fr • 15 Zimmer • €€
7 km südöstlich von Calvi

Mariana Hotel ▶ S. 87, a 3
Haus mit Blick auf die Zitadelle • Das neu errichtete Haus am Stadtrand von Calvi bietet Zimmer mit Chic und Balkon, die Preise sind moderat und selbst das Frühstück ist für korsische Verhältnisse günstig. Krönung ist der Panorama-Pool auf dem Dach.
Avenue Santa Maria • Tel. 04 95 65 31 38 • www.hotel-mariana.com • 54 Zimmer • ♿ • €€

ESSEN UND TRINKEN
Chez Tao ▶ S. 87, c 2
Relaxen mit Cocktails • In diesem Etablissement mit Piano-Bar, Cabaret-Abenden und Diskothek auf den alten Mauern der Bastion kann man es sich bis in die frühen Morgenstunden gutgehen lassen, feiern und tanzen, und das – glaubt man der hauseigenen Geschichtsschreibung – seit 1935! Die Aussicht auf Calvi und die majestätischen Berge der Balagne ist auf jeden Fall zeitlos schön!
La Citadelle • Tel. 04 95 65 00 73 • www.cheztao.com • Mitte Juni–Mitte Sept. ab 19 Uhr bis open end • €€€

L'Eden Port Club ▶ S. 87, b 3
Trendige Bar und Lounge • Direkt am Port de Plaisance von Calvi. Die Drinks sind zwar teuer, aber dafür sind die Sushis und Tapas Spitzenklasse, und die Lage am Jachthafen ist einfach nur hochkarätig.
Quai Landry • Tel. 04 95 60 57 44 • www.facebook.com/leden.calvi • tgl. zur Saison 7–2 Uhr • €€€

Le Jardin du Magnolia ▶ S. 87, b2
Unterm Magnolienbaum • Hier kann man bei Kerzenschein stilgerecht und romantisch speisen. Vom Schwertfisch-Carpaccio über knusprige Entenbrust bis hin zum flambierten Fruchtspieß – die hier gebotene korsische Küche mit feinen Neuinterpretationen hat dem jungen Küchenchef François Moretti einen Spitzenruf eingebracht.
Rue Alsace Lorraine • Tel. 04 95 65 19 16 • www.hotel-le-magnolia.com • Mai–Sept. tgl. 11.30–14 und 19.30–1 Uhr, Mo Mittag geschl. • €€€

Octopussy ▶ S. 87, südl. a 1
Mit Überrraschungseffekt • Man weiß nie, was in der Strandbar Octopussy gerade los ist: Das Angebot reicht vom korsischen Folklore-Abend über Electro-Strandsessions bis zu Rockkonzerten. Garniert wird u. a. mit Iberico-Schinken, japanischen Fleischspießen, oder Crème brulée mit Lavendel.
Route de la Pinède • Tel. 04 95 65 23 16 • www.plage-octopussy.com • Juni–Sept. tgl. 8–1 Uhr • €€

U Nichjaretu ▶ S. 87, westl. a 2
Gute Sundowner und Gegrilltes • Dieses Restaurant liegt mitten im Nirgendwo: Der Blick gen Westen von der überdachten Terrasse fällt auf den darunterliegenden Strand inklusive Sonnenuntergang. Bei dieser Lage ist auch die minimalistische Karte mit Salaten und einfachen Fleisch- und Fischgerichten vom Grill völlig ausreichend!
Route de Porto par la côte • Tel. 04 95 47 84 36 • Juni–Sept. ganztags • €€
14 km südwestlich von Calvi

EINKAUFEN

A Fundaria ▶ S. 87, südl. a 1
Hier, an einer Ausfallstraße von Calvi, gleich neben einem großen Supermarkt, würde wohl niemand eine traditionsreiche Schmiede vermuten: Zu Patrick Martin kommen auch einheimische Jäger der Region, um sich ihr »curnicciolu«, das traditionelle korsische Hirtenmesser mit Griff aus Mufflonhorn, anfertigen zu lassen. Für Touristen stellt der Messerschmied auch Dolche nach alten Vorbildern, Äxte mit Olivenholzgriff und bronzezeitlichen Schmuck her.
Parking du Supermarché Casino • Tel. 06 79 17 09 96 • http://afundaria.monsite-orange.fr • ganzjährig Mo–Sa 9–12 und 15–18 Uhr

Modèle Awesome Inc ▶ S. 87, b 2
Kunst aus Glas und Metall: Der Glasbläser und Metallbildhauer Dominique Campana schafft mit seiner

⭐ **9** **MERIAN Tipp**

CALVI ON THE ROCKS

Jedes Jahr am ersten Wochenende im Juli wird der Strand von Calvi zur ausgelassenen Freiluft-Tanzfläche, am Abend wird in der Altstadt zu Techno, Rock und Pop weitergetanzt und gefeiert. ▶ S. 17

amerikanischen Frau Carol Haas übergroße Statuen und Figuren. Zu ihren Werken zählen fantasievolle Spinnen, Käfer, Heuschrecken, Langusten, knallbunte Tintenfische oder Seepferdchen. Manchmal lässt sich der Künstler auch bei der Arbeit in seiner Werkstatt über die Schulter schauen.
Rue des Anges 9 • Tel. 04 95 47 81 60 • campana-haas-sculpture.blogspot.fr • Juni–Sept. tgl. 17–20 Uhr

SERVICE

AUSKUNFT ▶ S. 87, b 3
Office de Tourisme de Calvi – Office de Pôle Balagne
Port de Plaisance (oberhalb des Jachthafens) • Tel. 04 95 65 16 67 • www.calvi-tourisme.com • Okt.–März Mo–Fr, April–Juni und Sept. Mo–Sa, Juli und Aug. tgl. 9–12 und 14–18 Uhr • Audioguides (auch auf Deutsch) erklären die Sehenswürdigkeiten der Stadt, 7 €

BOOTSAUSFLÜGE ▶ S. 87, b 2
Halbtages- und Tagesausflüge führen nach Girolata und La Scandola ab Calvi. Atemberaubende Bootsfahrten entlang der Küste bis zu den Calanches von Porto, nach Ajaccio und an die Strände der Désert des Agriates. Im Sommer werden auch Nachtfahrten angeboten.
Colombo Line • Quai Landry • Tel. 04 95 65 32 10 • www.colombo-line.com

Ziele in der Umgebung

◉ Algajola B 4
300 Einwohner
Die wuchtigen Festungsmauern täuschen Größe vor – dabei besteht der kleine Küstenort eigentlich nur aus einem großen schattigen Platz mit Restaurants und einer kleinen Zitadelle (in Privatbesitz, nicht zugänglich). Außerdem locken zwei ehemalige Verteidigungswälle, die zu lohnenden Aussichtspunkten umgestaltet wurden. Sehenswert ist auch die dem Schutzheiligen von Genua geweihte Église Saint-Georges. Der lange Sandstrand Plage d'Aregno gehört zu den schönsten und selten überlaufenen Badezielen der Balagne.
11 km nordöstlich von Calvi

ESSEN UND TRINKEN
La Vieille Cave
Fleisch vom heißen Stein • Die saftigen Steaks können die Gäste hier selbst auf dem heißen Stein (»pierrades«) brutzeln. Am besten sichert man sich einen Platz im schönen Außenbereich. Ein gutes Zeichen: Das Restaurant am westlichen Ortsausgang ist nicht nur bei Urlaubern, sondern auch bei Einheimischen sehr beliebt!
Piazza a l'Olmo 9 • Tel. 04 95 60 70 09 • April–Okt. 19–23 Uhr • €€€

Le Paluda 🍴
Fischrestaurant am Traumstrand • Hervorragend zubereitete und äußerst freundlich servierte Gerichte genießen die Gäste hier mit den Füßen im warmen Sand – was will man mehr? Wer hier die »Grillade de la Mer« (Languste, Schwertfisch, Muscheln und Gambas) nicht probiert, ist selber schuld! Aber es gibt auch leckeres Fleisch vom Grill und Pizza. Am besten bis zum herrlichen Sonnenuntergang sitzen bleiben.
Plage d'Aregno • Tel. 04 95 60 75 22 • April–Okt. durchgehend geöffnet • €€€

Ein Kanu-Ausflug durch das Fangotal (▶ S. 93) führt entlang hoch aufragender Felsen und uralter Brücken, im Flussdelta lassen sich Wasserschildkröten beobachten.

◎ Calenzana   B 4/5
2200 Einwohner

Der stattliche Ort im Landesinneren ist vor allem als Basisstation für die Wanderrouten Sentier de Grande Randonnée 20 (GR 20), Tra Mare e Monti Nord (10 Tagesetappen bis Cargèse) und Sentier de la Transhumance (in 5 Tagen bis Corscia im Niolo) bekannt. Das hübsche Dorf am Hang des Monte Grosso ist von lauschigen Olivenhainen und Mandelbäumen umgeben. Einen Abstecher wert ist der Ort vor allem, weil es hier eine sehenswerte Palmen- und Platanenallee und einen wuchtigen Kirchenbau, die **Église Saint-Blaise**, gibt. Der im 19. Jh. rekonstruierte Turm der Kirche gilt als Paradebeispiel des Spätbarock auf Korsika. Im Sommer findet in dem Dorf das Klassik-Festival Les Rencontres de Calenzana (www.musical-calenzana.com) statt. Im Rahmen dieser Veranstaltung treten zahlreiche hochkarätige Künstler auf.

14 km südöstlich von Calvi

EINKAUFEN
Mosaïque d'art

Kunterbunte Mosaikbilder, Vasen, Schilder und ganze Tische fertigt Thérèse in liebevoller Handarbeit in diesem Atelier vor den Toren von Calenzana.

Route de Calvi • Tel. 04 95 47 25 19 • Mo–Sa 14–19 Uhr

U Mucale

Ein unauffälliges Schild »Huile d'Olives« weist auf den Hof von Alexandra Alberti-Marchetti hin. Hier legt man Wert auf Qualität: Das kräftige, kalt gepresste Olivenöl aus den Olivenhainen rund um Calenzana ist ein Spitzenprodukt!

Lieu-dit Marco, Moncale • Tel. 04 95 62 70 69 • tgl. ab 15 Uhr

◉ Filosorma B 5

Die touristisch nur wenig erschlossene Region Filosorma können Autofahrer von Calvi aus über zwei Routen erreichen: Am schnellsten geht es landeinwärts, am Flughafen vorbei auf der Panoramastraße Richtung **Galéria**. Noch schöner ist allerdings die kurvige und enge Straße entlang des fast unbewohnten Küstenabschnitts westlich von Calvi, dafür nimmt diese Strecke doppelt so viel Zeit in Anspruch. Beide Routen lassen sich wunderbar zu einer lohnenden Rundtour kombinieren. Ziel des Ausflugs ist das breite **Fango-Tal**: An seinem Unterlauf sucht sich der von dichtem Buschwerk umsäumte Fluss mit mehreren Seitenarmen seinen Weg ins Meer. Das breite Flussdelta wurde aufgrund seiner reichen Flora und Fauna von der UNESCO zum Biosphärenreservat erklärt. An den Ufern lassen sich Reiher, Teichhühner und sogar Schildkröten beobachten. Eine Stichstraße flussaufwärts führt immer am Fango-Fluss entlang. Unterwegs laden zahlreiche Flussbadestellen zum Sprung ins kühle Nass ein, z. B. unter der alten Genueserbrücke **Ponte Vecchiu**. Diese wunderbar erhaltene Brücke wurde im 16. Jh. für die Wanderhirten der Niolo-Ebene errichtet, die zwischen dem Fango-Tal und der Hochgebirgsregion am Fuße des Monte Cinto Wanderweidewirtschaft betrieben. Die Viehherden mussten damals die mächtigen Berghänge des Capo Tafonato (2343 m) und des Paglia Orba (2525 m) überwinden. Deren Gipfel thronen herrschaftlich über dem Filosorma und sind bis in den Sommer hinein schneebedeckt.

30 km südwestlich von Calvi

ÜBERNACHTEN

Auberge de Ferayola A 5

Absolute Einsamkeit • Auch wenn die eher schlichten Zimmer vielleicht schon bessere Zeiten gesehen haben – der Sonnenuntergangsblick, die einsame Lage über dem Meer mitten in der Maquis und die großartige Hotelküche des Hauses entschädigen für alles.
L'Argentella, Galeria • Tel. 04 95 65 25 25 • www.ferayola.com • €€
14 km nördlich von Galéria

Hotel Palazzu A 5

Nah am Wasser • Diese nette und entspannte Unterkunft bietet toprenovierte, saubere Zimmer, 200 m vom Meer entfernt. Nicht von der Straße vor dem Haus abschrecken lassen! Sie ist kaum befahren.
Bord de Mer, Galéria • Tel. 04 95 62 03 61 • www.hotelpalazzu.com • €€

EINKAUFEN

U Falasorma A 5

In ihrer Bergerie stellen Marie-Christine und Daniel Sabiani Ziegenkäse in Handarbeit her, ganz in der Tradition der alten Wanderhirten des Niolo, die die Winterweiden des Filosorma aufsuchten. Der Rohmilchkäse ist reif-würzig, aber ohne bissige Note. Der »brocciu passu« ist salzig und bleibt eingeschweißt mehrere Wochen lang frisch. Es gibt keine festen Öffnungszeiten, Interessierte sollten einfach vorbeischauen. Die Bergerie ist nicht ausgeschildert, man erreicht sie über einen Feldweg, der bei einem alten Straßenwärterhaus auf der D81 Richtung Porto zur Küste abbiegt.
Bergerie de Fugliaccia, Galéria •
Tel. 04 95 62 01 37
12 km südlich von Galeria

SERVICE
KANUVERLEIH
Delta du Fangu 👥
Am Riciniccia-Strand an der Fango-Mündung werden Kanus an Interessierte verliehen. Damit kann man durch das malerische Delta paddeln und die am Ufer dösenden Schildkröten beobachten.
Delta du Fangu • Tel. 06 22 01 71 89 • www.delta-du-fangu.com • Juni–Sept. • 6 €/Stunde

◎ Forêt de Bonifato 👥 📖 B 5
Von Calvi aus gelangt man in nur 30 Minuten in die korsische Bergwelt: Der endlose Wald von Bonifato mit seinen bizarr geformten Korsischen Schwarzkiefern, unzähligen kleinen und großen Badegumpen in dem Bergbach Figarella und wackeligen Hängebrücken über das Flussbett ist ein beliebtes Sommerausflugsziel. Spaziergänge und längere Wanderungen sind im Park ausgeschildert. Die Parkgebühr beträgt 4 €.
22 km südöstlich von Calvi

ÜBERNACHTEN, ESSEN UND TRINKEN
Auberge de la Forêt
Uriges Waldhotel mit Restaurant • Schönes Restaurant mit großzügigem Außenbereich mitten in der Natur. Außerdem sind kürzlich renovierte Doppelzimmer, einfache Mehrbettzimmer und Wanderer-Unterkünfte im Angebot. Viele Trekkinggruppen starten von hier ihre Tour auf dem GR20, Tagesausflügler genießen den hausgemachten Kuchen mit Kastanienmehl.
Forêt De Bonifatu, Calenzana • Tel. 09 70 35 05 25 • www.auberge-foret-bonifatu.com • 6 Zimmer • €€ • April–Sept. tgl. geöffnet

◎ Notre-Dame de la Serra 📖 B 4
Hoch über Calvi, inmitten der Maquis-Landschaft mit Tafoni-Granitblöcken, thront diese hübsche Pilgerkirche. Der Kirchenbau und die dazugehörige Statue der Schutzpatronin Calvis blicken weit über den breiten Meerbusen, und das Panorama vom Kirchhof reicht bis über das Reginu-Tal und nach Lumio. Die Legende besagt: Liebende, die die Kirche besuchen, werden lange glückliche Jahre miteinander verbringen. Die Kirche selbst ist allerdings meist verschlossen. Das Bauwerk aus dem 19. Jh. wurde auf den Überresten einer Kirche aus dem 15. Jh. erbaut, die während der englischen Belagerung von Calvi 1794 zerstört wurde.
6 km südlich von Calvi

◎ Punta di la Revellata 👥 📖 A/B 4
Das Felskap vor den Toren Calvis wartet mit herrlichen Ausblicken, einsamen Buchten und versteckten Grotten auf. Nur Offroad-Fans, Mountainbiker und Quad-Fahrer trauen sich auf die holprigen Feldwege der Halbinsel. Wanderer können den zweistündigen Fußmarsch zum Leuchtturm auf der Landspitze von Revellata in Angriff nehmen, hier ist Korsika dem französischen Festland am nächsten. Die 200 m lange Grotte des Veaux Marins, in der bis 1970 noch Seehunde lebten, ist nur per Boot von Calvi aus zu erreichen.
3 km westlich von Calvi

◎ Tramway de Balagne ⭐ 👥 📖 B 4
Auf wackeligen Schienen entlang einer wunderschönen Strecke direkt an der Küste verkehrt die Schmalspur-

⭐ MERIAN Tipp

DAS GEISTERDORF OCCI HOCH ÜBER DER BALAGNE

Das Ruinendorf mit dem fantastischen Meerblick wurde vor fast hundert Jahren sich selbst überlassen. Nur zwanzig Minuten Fußmarsch trennen die raue Küste von dieser Oase der Einsamkeit hoch über Lumio. ▶ S. 17

bahn Tramway de Balagne – schöner kann man mit öffentlichen Verkehrsmitteln nicht ans Meer kommen! Die beige-roten Dieseltriebwagen halten an jedem noch so kleinen Strand entlang der Strecke. Tagesausflüge führen große und kleine Eisenbahnfans bis nach Ajaccio oder Bastia (teilweise auch mit Umsteigen in Ponte Leccia).
www.train-corse.com • Auf der Strecke Calvi–L'Île-Rousse zur Nebensaison bis zu achtmal tgl., im Juli und Aug. stdl. oder zweimal tgl. nach Ajaccio oder Bastia

L'Île-Rousse B/C 4

7000 Einwohner

Der korsische Freiheitskämpfer Pascal Paoli, dessen Marmorbüste heute stolz auf dem nach ihm benannten Platz zu sehen ist, soll L'Île-Rousse 1759 gegründet haben, um dem nur wenige Kilometer weiter westlich gelegenen, genuatreuen Calvi strategisch und wirtschaftlich die Stirn zu bieten. Heute reicht L'Île-Rousse der einstigen Rivalin Calvi nicht nur in Sachen Lage und Schönheit das Wasser, als zweiter Hauptort der Balagne ist die Stadt auch bei Nachtschwärmern und Skippern mit schicken Jachten beliebt. Im kleinen, windgeschützten Hafen legen die Nachtfähren aus Nizza, Marseille, Toulon und dem italienischen Savona an, und in den schachbrettartig angeordneten Gassen und Straßen von L'Île-Rousse gibt es jede Menge Straßencafés, Boutiquen und Restaurants zu entdecken. Wer die Stadt an einem Vormittag besucht, kann in der kürzlich renovierten historischen Markthalle frisches Gemüse aus den Gärten und Feldern der Balagne erstehen. Der schöne weiße Strand von L'Île-Rousse ist vom Ort aus bequem zu Fuß zu erreichen.

Nach einem Rundgang durch das übersichtliche Stadtzentrum, über die Strandpromenade La Marinella, die Place Paoli, und durch die engen Gassen hinter der Markthalle bietet sich ein Spaziergang über den Damm zum Genueserturm und zum Leuchtturm Phare de la Pietra an – besonders zum Sonnenuntergang ein Erlebnis! Der schneeweiß getünchte Leuchtturm auf der rotbraunen Felseninsel, der L'Île-Rousse (dt. »die rote Insel«) ihren Namen verdankt, wurde 1857 errichtet. Heute wird er ganz modern mit Solarenergie betrieben.

ÜBERNACHTEN

A Piattatella C 4

Kühle Eleganz in den Bergen • In diesem exklusiven »petit hôtel de charme« fühlen sich Fans von schönem Design besonders wohl: Elegante Grautöne, Möbel aus gebeizten Treibhölzern und englischer Rasen sorgen für eine stilvolle Atmosphäre. Alle Zimmer und das Jacuzzi ermöglichen fantastische Ausblicke auf das Reginu-Tal und den Stausee Lac de Codole.

Monticello, Chemin Saint-François •
Tel. 04 95 60 07 00 • www.hotel-
corse-apiattatella.com • 13 Zimmer •
€€€€
6 km südöstlich von L'Île-Rousse

A Pasturella C 4
Authentisch mit Nouvelle Cuisine •
Die Zimmer dieser Unterkunft sind
modern-rustikal, das dazugehörige
Restaurant mit köstlichen Fisch- und
Fleischgerichten absolute Spitzenklasse. Auf der Barterrasse auf dem
Dorfplatz sitzt man mitten im Geschehen in einem typischen Bergdorf
der Balagne. Man sollte allerdings
unbedingt die Halbpension buchen,
die im Vergleich zum À-la-carte-
Essen wesentlich günstiger ist.
Monticello • Tel. 04 95 60 05 65 •
www.a-pasturella.fr • 10 Zimmer •
€€€
5 km südöstlich von L'Île-Rousse

Hotel Escale Coté Sud
Top-Lage mit Gourmet-Restaurant •
Eine Design-Lounge nur wenige
Schritte zur Innenstadt und zum
Strand und mit gut gelauntem Personal. Das Restaurant bietet Top-Service und tolle Fischgerichte.
22 rue Notre Dame, Promenade de la
Marinella • Tel. 04 95 63 01 70 • www.
hotel-ilerousse.com/escale-cote-
sud • 14 Zimmer und Suiten • €€

Hotel La Santa B/C 4
Toller Blick auf L'Île-Rousse • Dieses
frisch renovierte Hotel in einem kleinen Bergdorf bietet schicke Zimmer
ohne Schnörkel, die Sicht auf das
Meer und die umliegenden Berge
entschädigt für fehlende Deko.
Place de l'Eglise, Santa Réparata di
Balagna • Tel. 04 95 60 04 73 • www.
hotel-la-santa.com • 18 Zimmer • €€
6 km südlich von L'Île-Rousse

Von den eindrucksvollen Ruinen des verlassenen Dorfs Occi (▶ MERIAN Tipp, S. 17) eröffnen sich weite Panoramablicke.

ESSEN UND TRINKEN
La Marinella
Speisen am Strand • Das beste Restaurant an der Promenade bietet mittags leichte italienische Küche, am Abend werden die Liegen am Strand ebenfalls durch Tische ersetzt – »les pieds dans l'eau« (dt. mit den Füßen im Wasser) nennen die Korsen das. Davor ankern Jachten und Segelboote. Abends gibt's mediterrane Küche mit italienischer Note, Pastagerichte, Asia-Küche und Fleisch.
Promenade de la Marinella • Tel. 04 95 60 28 36 • www.restaurant-marinella.com • zur Saison tgl. 10–23 Uhr • €€

La Vieille Gare 🍴
Bahnhofsrestaurant mit Pfiff • Rund um das alte Bahnwärterhäuschen oberhalb des wunderschönen Sandstrands von Bodri kann man unter schön angestrahlten Eukalyptusbäumen wunderbar den Tag ausklingen lassen. Pizza aus dem Holzofen, zum Dessert eine Tarte Maison und die vorbeiratternde Schmalspurbahn der Tramway de Balagne – wunderbar!
Lieu Dit Bodri • Tel. 06 84 56 02 27 • Mai–Sept. • €€
5 km westlich von L'Île Rousse

EINKAUFEN
Cave Petra Rossa
Hier gibt es kräftigen AOC-Rot- und Weißwein und Muscat vom Fass aus dem Weingut Clos Petra Rossa in Santa Reparata – Abfüllung günstig, wenn man eigene Flaschen mitbringt!
Rue Gén Graziani • Tel. 04 95 60 11 85 • Mo–Sa 9–13 und 15–17.30 Uhr

🌿 Mme. Marie-Ange
Madame Marie-Ange verkauft mehrmals in der Woche ihre hausgemachten Marmeladen in der Markthalle von L'Île-Rousse. Unbedingt probieren: Gelée de Romarin, das in stundenlanger Arbeit aus Rosmarinzweigen gekocht wird. Lecker nicht nur auf dem Frühstücksbrot, sondern auch im Brocciu-Frischkäse oder Hüttenkäse.
Marie-Ange • Tel. 06 09 75 81 23 • unregelmäßige Markttage

SERVICE
AUSKUNFT
Office de Tourisme Intercommunal d'Île-Rousse
Avenue Calizi - BP 42 • Tel. 04 95 60 04 35 • www.ot-ile-rousse.fr • Mitte Juni–Ende Sept. tgl. 9–19 Uhr, sonntags 10–13 und 15–18 Uhr, Okt.–Mitte Juni Mo–Sa 9–12 und 14–18 Uhr, im Winter samstags geschl.

Ziele in der Umgebung
◎ Belgodère   C 4
500 Einwohner
Das größte Dorf der Balagne trägt seinen Namen zu Recht: »Schöner Aufenthalt« nannte der toskanische Marquis von Malaspina diesen ehemaligen Aussichtspunkt auf einer Bergterrasse mit weitem Blick über das Tal des Prato bis aufs Meer. Das beste Panorama bietet sich von den Resten der verfallenen Burg Vieux Fort. Durchaus einen Blick wert ist auch die große Barockkirche Saint-Thomas mit ihrer zweifarbigen Fassade, um die sich die enge Dorfstraße windet.
23 km südöstlich von L'Île-Rousse

◎ Chapelle de la Trinité   B 4
Das prächtig renovierte Kirchlein im romanisch-pisanischen Stil (um 1100) besticht durch eine bemerkenswerte dreifarbige Fassade aus beigefarbenem, grünem und rotem

Granit, die die Dreieinigkeit symbolisieren soll. Drei originelle Menschen-Skulpturen bewachen den Eingang des Kirchenbaus. An den Seitenfassaden sind gut erhaltene Flachreliefs zu erkennen.

Aregno, 11 km südöstlich von L'Île-Rousse

Corbara B 4
1000 Einwohner

Dieser Ort mit seinen engen Gassen und Fußwegen, der sich halbrund an den Berg schmiegt, blickt majestätisch auf die Nordwestküste der Insel. Eine besonders beeindruckende Aussicht bietet sich von den Ruinen der Burg, die über dem Ort thront und in der einst die Balagne-Grafen Savelli residierten. Hier lädt auch die hübsche kleine Kapelle **Notre-Dame-des-Sept-Douleurs** (1765) zu einem Besuch ein, von der aus sich die gesamte Balagne überblicken lässt.

In der Zeit, als Calvi noch ein uneinnehmbarer Brückenkopf Genuas war, galt Corbara als wichtigstes Zentrum in der Balagne. Hier verkündete Pascal Paoli die Gründung der Hafenstadt L'Île-Rousse, die dann zur Hauptstadt der Region erklärt wurde. Heute bevölkern Ausflügler von der Küste die Bars und Restaurants in Corbara.

Die sehenswerte Barockkirche **Église de l'Annonciation** (1685) mit ihrem prächtigen Altar und der Balustrade aus Carrara-Marmor wird von Besuchern oft links liegengelassen, lohnt aber durchaus einen Besuch. Abseits der Straße Richtung Pigna, umgeben von lauschigen Olivenhainen, liegt das großzügig angelegte **Kloster** von Corbara, in dem die hiesigen Dominikanermönche Sommercamps für Familien und Jugendliche anbieten. Die 1735 errichtete Klosterkirche überragt mit ihrem hohen Glockenturm eindrucksvoll das gesamte Algajola-Becken.

7 km südwestlich von L'Île-Rousse

Feliceto C 4
200 Einwohner

Umgeben von Obstgärten erhebt sich dieses charmante Dörfchen über dem fruchtbaren Reginu-Tal. Eine kurze Wanderung führt zu der alten, verlassenen Hütte Falcunaghja oberhalb von Feliceto, von der sich ein herrlicher Weitblick eröffnet. Im 17. Jh. hat sich ein Bürgermeister des Dorfes diese Hütte in schwindelerregender Höhe unterhalb eines Felsvorsprungs errichtet, später sollen in dem Falcunaghja (korsisch für Zuflucht des Falken) auch Banditen auf der Flucht gewohnt haben. Wanderer parken an der Bar Chez Rico, von hier ist der Weg zum Falcunaghja ausgeschildert.

16 km südlich von L'Île-Rousse

ÜBERNACHTEN
Casa Anna Lidia

Kleinod in Feliceto • Dieses hübsche Hotel verfügt über eine liebevoll gepflegte, kleine Gartenanlage mit blühenden Wandelrosen und duftendem Lavendel. Außerdem können sich Gäste über ein Jacuzzi mit Blick auf die Berge und einen kleinen Pool mit Sonnenliegen freuen. Die großzügigen Zimmer sind alle individuell gestaltet.

Feliceto, Village • Tel. 04 95 61 81 24 • www.hoteldecharme-corse.com •
9 Zimmer • €€€

16 km südlich von L'Île Rousse

Die karibisch blaue Bucht und der seichte Sandstrand an der Plage de Lozari (▶ S. 99) sind besonders bei Familien mit Kindern beliebt.

ESSEN UND TRINKEN
U Mulinu
Rustikal mit One-Man-Show • In seiner alten Ölmühle bietet Joseph Ambrosini ein deftiges korsisches Menü samt Wein. Alle Gäste bekommen das Gleiche serviert. Zum Nachtisch liefert der Wirt Spaßeinlagen mit musikalischer Unterhaltung, manchmal auch mit etwas schlüpfrigen Witzen und fliegenden Tellern – unbedingt reservieren!
D 71, Ortsausgang • Tel. 04 95 61 73 23 • April–Okt. jeden Abend außer Di

EINKAUFEN
Ange Campana
Die dekorativen Vasen, Kugeln, Öllampen, »pichets« (Krüge) und polychromen Figuren des Glaskünstlers David Campana sind auf der ganzen Insel gefragt. Gerne lässt sich der Künstler über die Schulter schauen. Lieu-dit Chioselle • Tel. 04 95 61 73 05 • www.verrerie-corse.com • tgl. 10–12 und 15–18.30 Uhr

Maestracci Domain
Die edlen Trauben dieses Familienbetriebs finden auf dem sandigen Boden des fruchtbaren Reginu-Tals den idealen Nährboden. Unbedingt probieren: Rosé E Prove aus Niellucio- und Sciacarello-Trauben mit einem Schuss Vermentinu. Es gibt auch große Fünf-Liter-Kanister.
An der Straße Richtung L'Île-Rousse • Tel. 04 95 61 72 11 • www.domaine-maestracci.com • Im Sommer Mo–Sa 9–12.30 und 14.30–19.30 Uhr, im Winter Di–Fr 9–12 Uhr

◉ Lama   D 4
175 Einwohner
Das kleine Bergdorf klammert sich mit seinen museumsreif gepflegten grauen Steinhäusern und engen Gas-

sen an die Hänge des Ostriconi-Tals. Die Dorfplätze und Straßen sind liebevoll begrünt, sodass sich Lama als »blühendes« Dorf bezeichnen darf, mit dem Titel »Villes et Villages Fleuris« . Weil viele der renovierten Häuser nicht mehr bewohnt sind, werden sie heute als Ferienwohnungen vermietet.
29 km südöstlich von L'Île-Rousse

EINKAUFEN
L'Eolienne
Umgeben von Obstgärten und Olivenhainen liegt dieser kleine Hofladen im fruchtbaren Ostriconi-Tal zu Füßen des Bergdorfs Lama. Es gibt Öle, Marmeladen, Wurstwaren und Honig aus der Region, außerdem kann man sich leckere Panini zusammenstellen lassen und direkt vor Ort verspeisen.
Route Nationale 197, A Balanina • Tel. 06 12 41 78 41 • geöffnet April–Sept.

◎ Lozari   C 4
Östlich von L'Île-Rousse ist die Küste felsig und nur selten zum Baden geeignet. Eine Ausnahme ist die wunderbare, große weiße Sandbucht von Lozari, die in kleine Dünen übergeht. Auf der Landzunge, die den Strand im Westen begrenzt, stehen die Überreste des Genueserturms von Lozari, die man über einen kurzen Spaziergang durch die Maquis erreichen kann.
8 km östlich von L'Île-Rousse

ÜBERNACHTEN
Résidence Les Hameaux de Capra Scorsa
Familienfreundliche Residence-Anlage • Die neue Ferienanlage bietet komfortabel eingerichtete, kleine und große Appartments für bis zu acht Personen zu außerordentlich fairen Preisen. Zum Strand muss man allerdings die Küstenstraße überqueren.
Lieu-Dit Lozari • Tel. 04 95 36 13 87 • www.odalys-vacances.com • €€

◎ Pigna   B 4
100 Einwohner
Das entzückende Künstlerdorf mit seinen knallblauen Fensterläden an den Häusern, engen Gassen und zahllosen, kleinen Geschäften und Handwerker-Ateliers ist ein verstecktes Schmuckstück in den Bergen der Balagne. In den 1960er-Jahren drohte der Ort, der einst von Landwirtschaft und Viehzucht lebte, von der Landkarte zu verschwinden. Eine Kulturinitiative hat daraufhin Künstler, Töpfer, Bildhauer, Holzschnitzer und Musikinstrumentenbauer in dem Ort angesiedelt, und heute kann man sich in den unzähligen Boutiquen in den prächtig renovierten, engen Gassen viel Dekoratives ansehen. Natürlich lassen sich die neuen Geschäfte das Revival des Bergdorfs etwas kosten, aber die Aussicht und das Ambiente sind einen Abstecher wert!
9 km südwestlich von L'Île-Rousse

ÜBERNACHTEN, ESSEN UND TRINKEN
Hôtel d'hôtes Palazzu Pigna
Vintage und Charme • Der majestätische Hof aus dem frühen 18. Jh. beherbergt nicht nur individuell eingerichtete »chambres de charme« und Suiten, sondern auch ein Restaurant mit fantastischer Panoramaterrasse und einer rustikalen Gaststube mit Bergkristallüstern, Vintage-Möbeln und Polstersesseln. Kein Stuhl gleicht hier dem anderen,

die Küche ist korsisch und dem Ambiente angemessen teuer.
Pigna • Tel. 04 95 47 32 78 • www.hotel-corse-palazzu.com • 13 Zimmer und Suiten • €€€

Casa Musicale
Eine Bleibe nicht nur für Musiker • Das lebendige, kleine Hotel veranstaltet Workshops und Seminare für Musiker und verfügt über ein eigenes Tonstudio. Die Zimmer sind sehr sauber, am besten nach einem mit Meerblick fragen! Die Terrasse mit Blick auf das Meer ist atemberaubend, das Personal in der Hauptsaison aber manchmal etwas überfordert. Trotzdem: Unbedingt bis zum Sonnenuntergang bleiben!
Place de l'Église • Tel. 04 95 61 77 31 • www.casa-musicale.org • 9 Zimmer • €€

EINKAUFEN
Ceramica di Pigna
Die Vasen, Teller, Krüge und Tassen von Jacky Quilichini sind nicht nur wunderschön anzusehen, die Stücke in klassischem Kobaltblau und leuchtendem Orange sind auch durchaus praktisch im täglichen Gebrauch.
Tel. 04 95 48 28 96 • ceramica2@wanadoo.fr • ganzjährig tgl. außer sonntags

Scatt'à Musica
Marina Batistic verkauft in ihrer Boutique am Rande von Pigna kleine, klingende Kunstwerke aus wunderschön bemaltem Holz: Die Spieluhren in Form von knallbunten Eselsfiguren, hübschen Spieldosen mit Abbildungen von Dorfszenen sowie Wandbilder mit bewegten Holzfigürchen spielen alte korsische Weisen und lassen nicht nur Kinderaugen leuchten.
Boîtes à musique, Pigna • Tel. 04 95 61 77 34 • www.scattamusica.fr • direkt am Dorfeingang • tgl. 10–13 und 15–20 Uhr

◎ Sant'Antonino B 4
100 Einwohner
Wie ein Adlernest thront der Weiler mit seinen 75 Häusern auf einer Bergkuppe und genießt einen einmaligen Blick auf die Balagne und den Monte Grosso. Der Ort ist ein Meisterstück der mittelalterlichen Wehrarchitektur und gehört wie Piana zu den »Plus Beaux Villages de France« (dt. die schönsten Dörfer in Frankreich). Wer mag, kann die engen Gassen wie im Mittelalter auf dem Rücken eines Esels erklimmen.
14 km südwestlich von L'Île-Rousse, Eselritt »Promenade à dos d'âne« am Parkplatz am Ortseingang, zur Saison von 15–20 Uhr, 8 €

ESSEN UND TRINKEN
Clos Antonini
Der Weinbauer Olivier serviert am Dorfeingang von Sant' Antonino eine spritzig-erfrischende Spezialität: Bio-Zitronensaft mit Wasser, Eis und Zucker. Das macht jeden müden Reisenden garantiert wieder munter. Aber auch die süffigen Rosé- und Rotweine seines Weinguts kann man sich in dem alten Gewölbe schmecken lassen.
Le Village • Tel. 04 95 61 76 83 • April–Okt. • €

◎ Speloncato C 4
300 Einwohner
Das kleine Dorf klebt an dem schroffen Felssporn des Monte Tolo und gehört zu den lebendigsten Weilern

Die engen Gassen des auf einer Bergkuppe in 450 m Höhe gelegenen Dörfchens Sant'Antonio (▶ S. 100) sind nur zu Fuß begehbar.

in der Balagne. Auf dem geschäftigen Dorfplatz **Place de la Libération** teilen sich Sommerurlauber und Einheimische die Tische der beiden kleinen Dorfkneipen mit Restaurants und beobachten das bunte Treiben. In den engen Gassen und steilen Gängen von Speloncato scheint hingegen die Zeit stehengeblieben zu sein. Ein Stückchen oberhalb des Platzes liegt die imposante, ursprünglich romanische Stiftskirche **Santa-Maria Assunta** (1509) mit ihrem barocken Chor.
19 km südöstlich von L'Île-Rousse

ÜBERNACHTEN

A Spelunca di u Sechju
Nächtigen in einem alten Palais • Das Herrenhaus direkt am Dorfplatz war im 19. Jh. Wohnsitz des aus Spelunca stammenden Kardinals Savelli, Minister von Papst Pius IX.. Hinterlassen hat er hier verspielte Stilmöbel, herrschaftliche Salons und glitzernde Kronleuchter. Einfache Zimmer mit hohen Decken, nicht alle mit Bad.
Ancien Palais du Cardinal Savelli • Tel. 04 95 61 50 38 • www.hotel-a-spelunca.com • €€

Die hoch aufragenden Felsformationen am Col de Bavella leuchten je nach Sonneneinstrahlung in warmen Erdfarben und Goldtönen (▶ S. 108).

Touren und Ausflüge

Begeben Sie sich auf Entdeckungstour durch dichte Kastanien- und Kiefernwälder, entlang der wilden Küste des Cap Corse, oder wandeln Sie auf den Spuren der Urzeit-Korsen.

Von der Ostküste in die Berge – Rundtour durch die Wälder der Castagniccia

Charakteristik: Die Autotour führt durch die verwunschenen Kastanienwälder der Castagniccia **Dauer:** Tagesausflug **Länge:** 110 km **Anfahrt:** Ab Moriani-Plage Richtung San-Nicolao **Einkehrtipp:** Le Refuge, Piedicroce, Tel. 04 95 35 82 65, April–Okt. tgl. geöffnet €€ **Auskunft:** Weite Teile der Castagniccia gehören zum Parc Naturel Régional de la Corse und sind mit ausgeschilderten Wegen (ab Piedicroce Piazzole/Pont Blanc) erschlossen. Infos und Karten beim Fremdenverkehrsamt Office de Tourisme de la Costa Verde, RN 198, Moriani-Plage, Tel. 04 95 38 41 73, www.castagniccia-maremonti.com

E/F 5

Moriani-Plage ▶ Piedicroce

Durch ausgedehnte Felder führt die Landstraße D34 von Moriani-Plage Richtung San-Nicolao. Wiesen, Felder und kleine Flüsse durchziehen das Inland, das sich kurz hinter der Küste steil in die Berge der Castagniccia hinaufzieht. Über **San Nicolao** mit seiner gleichnamigen, imposanten Barockkirche und vorbei an dem Wasserfall **Cascade de l'Ucceluline** führt uns der Weg nach **Cervione** mit seinen wuchtigen Palais und Kirchenbauten. Weiter geht es über die kurvige Höhenstraße D71 in das Alesani-Tal und über den Weiler Felce bis nach **Piedicroce**. In dieser hügeligen Landschaft mit riesigen Kastanienforsten verstecken sich verwunschene kleine Ortschaften, aus der Ferne oft erkennbar an den barocken Kirchen, die ihre überdimensionalen, schlanken Glockentürme in den Himmel strecken. Nicht selten dienten die Kirchtürme als Sichtkontakt zwischen den einzelnen Siedlungen. Die Genueser haben in dieser einst stark besiedelten Region den Kastanienbaum eingeführt und die Bevölkerung zur Pflanzung und Bewirtschaftung riesiger Kastanienwälder verpflichtet. Heute stehen viele Häuser und ganze Weiler leer, dafür leben Horden von umherziehenden Kühen, Ziegen und Schweinen im Walddickicht (oder auf der Straße).

Piedicroce ▶ Morosaglia

Bei Piedicroce lohnt ein kurzer Abstecher zur Thermalquelle **Les Eaux d'Orezza**. Hier können Sie die ursprüngliche Version des kohlensäurehaltigen Mineralwassers probieren, das in den Bars und Restaurants der Insel serviert wird. Empfehlenswerter ist jedoch die abgefüllte Variante ohne den unangenehmen Beigeschmack des eisen- und natronhaltigen Quellwassers.

Zurück auf der kurvigen D71 kommen Sie an der imposanten Ruine des 1485 gegründeten Franziskanerklosters **Couvent d'Orezza** vorbei. Zu erkennen sind noch der barocke Glockenturm und Reste der Kirchenmalerei. Hier wurde einst korsische Geschichte geschrieben: Im Jahr 1735 riefen Gianpietro Gaffori, Giancinto Paoli und Andrea Colonna Ceccaldi in diesem Kloster die Unabhängigkeit der Insel aus. 1751 wurde an dieser Stelle die korsische

Das heute verfallene Franziskanerkloster Couvent d'Orezza (▶ S. 104) diente im Zweiten Weltkrieg als Rückzugsort für die Kämpfer der Résistance.

Verfassung verabschiedet, und außerdem wurde hier Gianpietro Gaffori zum Präsidenten gewählt.
Etwa 12 km nördlich von Piedicroce führt ein weiterer Abstecher durch dichte Kastanienhaine nach **Morosaglia**. Im Geburtshaus des korsischen Freiheitskämpfers Pascal Paoli ist das **Musée Maison Natale de Pasquale Paoli** (Tel. 04 95 61 04 97, Mai–Sept. 9–12 und 13–18 Uhr, Okt.–Mai 8–12 und 13–17 Uhr, 2 €) untergebracht. Es präsentiert persönliche Gegenstände des korsischen Helden sowie Waffen, Bücher und Handschriften.

Morosaglia ▶ Moriani

Auf der D205 über die Siedlung Stoppia-Nova fahren Sie nun auf kurvigen Straßen weiter zu dem Dörfchen **La Porta**. Dort beeindruckt die Kirche Saint-Jean-Baptiste mit ihrer barocken Fassade und dem frei stehenden Glockenturm. Sie gilt als einer der schönsten Barockbauten der Insel. Von La Porta führt uns die D205 und die D506 entlang des Fium Alto zurück Richtung Küste, bei **Folelli** treffen wir auf die Küstenstraße N198. Fahren Sie nach Süden, um nach Moriani zurückzukehren.

Die Nordspitze erkunden – Tagesausflug rund um das wilde Cap Corse 9

Charakteristik: Malerische Sand- und Kieselstrände, Olivenhaine und Weinberge auf der fruchtbaren Ostseite, schroffe Schieferfelsen und endlose Kurvenstrecken im steilen Westteil – das wilde Kap von Korsika könnte abwechslungsreicher nicht sein **Dauer:** Tagesausflug mit dem Auto, Motorrad oder Rennrad **Länge:** 130 km **Anfahrt:** Ab Bastia auf der D80 Richtung Norden oder in Gegenrichtung ab Saint-Florent **Einkehrtipp:** Le Langoustier, Centuri-Port, Tel. 04 95 35 64 98, www.lelangoustier.com, März-Mitte Okt. €€€ **Auskunft:** Communauté des Communes du Cap Corse, Maison du Cap, Port Toga, Bastia, Tel. 04 95 31 02 32, www.destination-cap-corse.com

D/E 1–3

Bastia ▶ Macinaggio

Von **Bastia** fahren Sie durch die wohlhabenden Vororte der Inselmetropole schnurstracks Richtung Norden, vorbei an dem schönen Kieselstrand von Miomo mit seinem gut erhaltenen Genueserturm. In der Wallfahrtskirche Notre Dame des Grâces (17. Jh.) in **Lavasina** befindet sich eine Madonna, die der Überlieferung nach Wunder vollbringen kann. Sie wird jedes Jahr am Vorabend des 8. Septembers in einer nächtlichen Prozession geehrt. Weiter nördlich erreichen Sie das Fischerdorf **Erbalunga** mit seinem am Meer gelegenen Genueserturm. Der pittoreske Ort diente seit dem 19. Jh. unzähligen Landschaftsmalern als Motiv. Weiter auf der D80 kommen Sie an majestätischen Villen (Maisons d'Américains) aus dem 19. Jh. vorbei, erbaut von zurückgekehrten Exil-Korsen, die in der Neuen Welt reich geworden waren. Einige Badebuchten mit flachen Kieseln laden zur Erfrischung ein.

Macinaggio ▶ Centuri-Port

Das lebendige **Macinaggio** mit seinem großen Jachthafen ist bestens geeignet für einen Zwischenstopp. Am Quai reihen sich jede Menge Restaurants, Bars und Geschäfte aneinander. Von hier biegt die D80 in Richtung Westküste ab und führt vorbei an einigen Weingütern und Olivenplantagen. Einen Abstecher wert ist die Gemeinde **Rogliano** mit ihren sieben Weilern, in denen es Kirchen, Burgruinen und Friedhöfe mit prunkvollen Familiengruften zu entdecken gibt. Weiter auf der D80, am **Col de Serra**, steht die letzte vollständig erhaltene Windmühle der Nordspitze Korsikas **Moulin Mattei**. Sie wurde vom korsischen Getränkekonzern Mattei restauriert und wird auch als Werbemotiv für den Aperitif Cap Corse genutzt. Einige Kilometer weiter nutzen heute moderne Windparks die Brise an der stürmischen Nordspitze Korsikas. Von der D80 zweigt anschließend eine Nebenstraße nach **Centuri-Port** ab. In dem romantischen Fischerhafen warten viele Restaurants, die sich auf Langusten spezialisiert haben. Weiter geht es auf der D80 Richtung Süden in engen Kurven an der Westküste entlang, die sich um einiges schroffer und wilder präsentiert als die Ostküste.

Centuri-Port ▸ Nonza

Ein weiterer Abstecher, auf halber Strecke zwischen Pino und Nonza, führt von der D80 nach **Canari**. Hier können Sie die mit einem prächtig verzierten Gesims versehene pisanisch-romanische Kirche Santa-Maria-Assunta (13. Jh.) besichtigen. Wahrzeichen des Ortes ist jedoch ein schneeweißer Glockenturm. Von der Aussichtsplattform davor hat man einen fantastischen Ausblick auf die Küste, die hier im 45-Grad-Winkel ins Meer zu rutschen scheint.

Der nächste Zwischenstopp auf der Küstenstraße D80 ist das hübsche Städtchen **Nonza**, das sich an die Steilküste über dem tiefblauen Meer klammert. Pascal Paoli ließ hier 1758 eine Festung aus Schiefergestein errichten, deren mächtiger Turm noch heute den Ort überragt. 160 Stufen führen zur Quelle der Heiligen Julia (Fontaine Saint Julie), die hier der Legende nach den Märtyrertod starb. Der Schutzheiligen zu Ehren wurde auch eine kleine, rotgelb getünchte Barockkirche (16. Jh.) mit breiter Freitreppe errichtet. Im Innern wartet sie mit einem wertvollen Marmoraltar (1694) und einem prunkvollen Gemälde der gekreuzigten Märtyrerin auf. Der dunkle, breite Kiesstrand von Nonza besteht aus Abraum der 1965 geschlossenen Asbestmine von Abro – Baden ist hier deshalb auf keinen Fall zu empfehlen.

Nonza ▸ Bastia

Südlich von Nonza geht es durch die Weinregion rund um **Patrimonio** und über den Pass des **Col de Teghime** zurück nach Bastia. Nach einem Blick zurück auf die Nordwestküste zeigt sich hinter dem Pass ein anderes Korsika: Vor Ihnen liegt die weite Schwemmlandebene von Bastia, die sich über die Lagune von Biguglia bis zur Costa Verde hinzieht.

Der kleine Fischerort Erbalunga (▸ S. 106) ist mit seinen bunten Häusern und dem verfallenen Genueserturm auf einer Landspitze ein beliebtes Fotomotiv.

Über den Col de Bavella bis Solenzara – Panoramatour ins Hochgebirge

Charakteristik: Autotour durch einen dichten Schwarzkiefernwald zu spektakulären Wasserfällen und zur Krone Südkorsikas: Die Rundfahrt mit Wanderstopp endet mit einem erfrischenden Bad in den großen Badegumpen der Solenzara **Dauer:** Tagesausflug mit Auto oder Motorrad **Länge:** 115 km **Anfahrt:** Ab Porto-Vecchio zunächst Richtung L'Ospedale **Einkehrtipp:** L'Eternisula, Route de Quenza, Zonza, Tel. 04 95 27 44 71, 11–23 Uhr, sonntag abends geschl., www.facebook.com/leternisula €€ **Auskunft:** Office de Tourisme de Zonza Ste Lucie de Porto-Vecchio, Mairie annexe Sainte Lucie de Porto-Vecchio, Tel. 04 95 71 48 99, www.zonza-saintelucie.com

D/E 9–11

Porto-Vecchio ▶ Zonza

Von **Porto-Vecchio** aus folgen Sie zunächst der Panoramastraße D368, die sich durch den dichten Schwarzkiefernwald steil die Berge des Hinterlandes hinaufzieht. Die erste Etappe an der Strecke, der Ort **L'Ospedale**, wurde schon von den Römern als Kurort genutzt (der Name bedeutet so viel wie Hospital). Weiter bergauf glitzert der Stausee Barrage de L'Ospedale zwischen den dunklen Kiefern hindurch. Zur sommerlichen Trockenzeit sieht der See mit seinen freiliegenden Baumstämmen, die sich aus dem schlammigen Boden erheben, wahrlich gespenstisch aus. Wenige Autominuten weiter beginnt auf dem Hochplateau von Ospedale der gut einstündige Wanderweg durch eine spektakuläre Granitlandschaft zum **Wasserfall Piscia di Gallo** (Parkplatz Piscia di Ghjaddu, 3 €), wo sich das Wasser des Flüsschens Oso durch einen nur wenige Meter breiten Felsspalt zwängen und über 60 m in die Tiefe stürzen. Anschließend ist Zeit für einen Stopp in dem geschäftigen Bergdorf **Zonza**.

📷 FotoTipp

KLETTERN FÜR DIE BESTE PERSPEKTIVE

Die beste Perspektive für ein Foto des Piscia di Gallo hat man naturgemäß von einem Punkt möglichst weit unterhalb des Wasserfalls. Dafür muss man allerdings den steilen Berghang hinabkraxeln, Vorsicht ist geboten! Das beste Licht bietet sich am Vormittag, wenn die Sonnenstrahlen auf das Wasser treffen. ▶ S. 108

Zonza ▶ Col de Bavella

Nördlich von Zonza warten die imposanten Bergspitzen der **Aiguilles de Bavella** ⭐. Die hoch aufragenden Felsnasen, die den Süden der Insel krönen, könnten spektakulärer nicht sein: Die Färbung der Granitformationen wechselt je nach Tageslicht und Sonnenstand, und manchmal sind die Spitzen von dichten Wolken verhangen. Das vielleicht schönste Panorama der sieben Hauptnadeln mit den unzähligen Nebenspitzen bietet sich vom Pass **Col de Bavella** (1218 m), auch wenn

Die kurze Wanderung zum höchsten Wasserfall Korsikas, Piscia di Gallo (▶ S. 108), ist sehr beliebt und gut geeignet für Familien mit Kindern.

man den atemberaubenden Blick von hier aus nicht allein genießen kann: Ein großer Parkplatz für Bustouristen und Wanderer wurde in den letzten Jahren ausgebaut. Eine Statue der Schnee-Madonna Notre Dame de la Neige, die vor Gefahren in den Bergen schützen soll, ist übersät von Kerzen, Gedenktafeln, Votivbildern und Danksagungen.

Col de Bavella ▶ Solenzara

Vom Col de Bavella führt der Weg bergab in Richtung des letzten Passes der Strecke, dem **Col de Larone**, der eine schöne Aussicht zurück auf das Hochgebirge ermöglicht: Links ragt die Felsspitze Punta di Ferriate empor, rechts erstreckt sich das Waldgebiet von Tova. Von hier aus folgen Sie immer der D268 bis zum Solenzara-Tal. Die Kurven und Steigungen werden etwas sanfter, zu einer eiskalten Erfrischung laden die Badegumpen des Solenzara-Flusses ein, an denen sie vorbeifahren. Danach fällt die Straße sanft Richtung Meer ab. Nach einem abendlichen Aperitif am Jachthafen von **Solenzara** können Sie nun der Küstenstraße N 198 bis zum Ausgangspunkt der Rundtour folgen.

Durch Korsikas Südwesten – zu den Relikten der Megalithkultur

Charakteristik: Hinkelsteine und einsame Landschaften – diese Tour führt zu prähistorischen Stätten und in die menschenleeren Gegenden der Insel. Zur Belohnung gibt es leckeren Fisch mit Meerblick! **Dauer:** Halbtagesausflug mit dem Auto oder Motorrad, zwei leichte Spaziergänge möglich, gut geeignet für Familien mit Kindern **Länge:** 48 km **Anfahrt:** Ab Filitosa Richtung Süden **Einkehrtipp:** L'Escale, Tizzano, Tel. 04 95 77 24 52, April–Okt. tgl. geöffnet €€ **Auskunft:** Station Préhistorique de Filitosa, Tel. 04 95 74 00 91, www.filitosa.fr, Ostern–Ende Okt. tgl. 8 Uhr bis Sonnenuntergang, 7 €

C 10/11

Filitosa ▶ Dolmen de Fontanaccia

Erste Etappe unserer Reise in die Vergangenheit ist ein Besuch des weitläufigen megalithischen Freilichtmuseums **Filitosa** im fruchtbaren Taravo-Tal. Am Eingang der Anlage begrüßt eine zweieinhalb Meter hohe Menhirstatue die Besucher. Auch ohne den oberen Teil des Kopfs, der im Laufe der Zeit verloren gegangen ist, wirkt sie wie ein steinerner Wärter, der über die verborgene Geschichte dieser weitläufigen Kultstätte zu wachen scheint. Filitosa ist für viele Wissenschaftler der Beweis dafür, dass die urkorsische Megalithkultur (3500 v. Chr.–1600 v. Chr.) von der Kultur der Torreaner verdrängt wurde, denn zahlreiche megalithische Menhire wurden für den Bau der späteren torreanischen Siedlungen und der zentralen Tempelburg mit ihrer zyklopischen Ringmauer wiederverwendet. Die schöne Anlage der Stätte birgt zwischen schattigen Olivenhainen auch einige Tafoni-Höhlen, die in der Steinzeit (8000–6000 v. Chr.) als natürlicher Unterschlupf genutzt wurden. Das sehenswerte kleine Museum zeigt schön dokumentierte Fundstücke und die wertvollsten Menhire der Stätte.

Nach einem ausgedehnten Rundgang durch das Museum folgen Sie der N 196 in südlicher Richtung nach **Sartène**. Eingefleischte Archäologie-Fans können im hiesigen Prähistorischen Museum weiterforschen. Etwa 2 km südlich von Sartène biegen Sie nach rechts auf die D 48 in Richtung Tizzano ab. Dieser Strecke folgen Sie knappe 8 km, bevor es nach links auf der D 48A zu den prähistorischen Stätten von Santari, Renaju und Fontanaccia weitergeht. Von dem gut ausgeschilderten Parkplatz der Anlage geht es zu Fuß auf einem Feldweg durch eine einsame Land-

📷 FotoTipp

STEINZEIT-SCHNAPPSCHUSS

Bei den Menhir-Statuen in Filitosa gelingt jedem ein Steinzeit-Selfie. Einige der megalithischen Dolmen haben gut erhaltene Gesichtszüge. Mit ausgestrecktem Arm und Smartphone in der Hand steht dem Selbstporträt mit einem Urzeit-Korsen nichts im Wege. ▶ S. 110

Die Statuen der weitläufigen prähistorischen Stätte Filitosa (▶ S. 110) sind Meisterwerke der Megalithkultur vor 3000 Jahren.

schaft mit Feldern und großen Baumheiden. Auf den Hinkelsteinen der zwei parallelen **Menhir-Reihen von Santari** kann man bei zwei der stehenden Steine deutlich menschliche Gesichtszüge und sogar ein Schwert erkennen.

Exakt südlich der Steinallee erreicht man nach einem fünfminütigen Fußweg das **Alignment de Renaju** inmitten eines hübschen Steineichenwäldchens. Hier warten mehr als 40 Menhire unterschiedlicher Größe, die teilweise aufrecht stehen, teilweise umgestürzt auf dem Boden liegen. Der Weg führt anschließend ein Stück zurück und dann links auf eine kleine Hochebene, die den Blick in alle Himmelsrichtungen freigibt. Hier erhebt sich der beeindruckende Steintisch **Dolmen de Fontanaccia**. Die erstaunlich gut erhaltene Megalithanlage besteht aus sechs senkrecht angeordneten Granitplatten, die eine schwere Deckplatte tragen, die allein schon über drei Tonnen wiegt.

Dolmen de Fontanaccia ▶ Tizzano

Nach der Besichtigung des Dolmen de Fontanaccia fahren Sie wieder ein Stück westlich auf der D48 Richtung Tizzano weiter. Nach etwa 3,5 km weist ein unauffälliges Schild in einen Feldweg zu den **Alignments von Palaggiu**, Korsikas größtem Megalithfeld aus ursprünglich 258 Hinkelsteinen. Hier stehen die eher kleinen und teilweise stark verwitterten Hinkelsteine in sieben Reihen, die jedoch ein beeindruckendes Gesamtbild ergeben.

Nach dieser dritten Archäologie-Etappe ist Zeit zur Entspannung. Die kleine Marina von **Tizzano** mit ihren Fischrestaurants und der hübsche Sandstrand bieten beste Bedingungen für einen ruhigen Ausklang des anstrengenden Tages.

Schon die Genueser erkannten im 14. Jh. die guten Bedingungen für den Weinanbau in den korsischen Ebenen und Tälern. Heute sind auf der Insel einige A.O.C.-Weine beheimatet.

Wissenswertes über
Korsika

Nützliche Informationen für einen gelungenen Aufenthalt: Fakten über Land, Leute und Geschichte sowie Reisepraktisches von A bis Z.

Auf einen Blick

Mehr erfahren über Korsika – Informationen über Land und Leute, von Bevölkerung und Geografie über Politik und Sprache bis Wirtschaft.

Amtssprache: Französisch
Einwohner: 310 000
Fläche: 8680 qkm
Hauptstadt und größte Stadt: Ajaccio
Internet: www.corse.fr
Religion: römisch-katholisch (92 %)
Verwaltung: Gebietskörperschaft Collectivité Territoriale de Corse mit 2 Départements: Haute-Corse (2B) und Corse-du-Sud (2A)
Währung: Euro

Bevölkerung

Der Stolz der Korsen auf ihre Heimat ist auf der ganzen Insel zu spüren, und das Symbol Korsikas, der Kopf des korsischen Mohren mit weißer Stirnbinde, begegnet einem überall. Der Großteil der korsischen Bevölkerung lebt in den mittelgroßen Ballungszentren Bastia und Ajaccio. Die im Sommer so belebten Küstenstädte Calvi, Porto-Vecchio und Bonifacio sind in den Monaten der Nebensaison von Oktober bis April wie ausgestorben. Im ländlichen Inselinnern, das lange zu überaltern drohte, versuchen heute junge engagierte Korsen (Riacquistu-Bewegung) die Sprache und Kultur der Mittelmeerinsel neu zu beleben und im Aktivtourismus und in der Landwirtschaft moderne

◀ Der Mohrenkopf gilt als wichtigstes Symbol korsischer Unabhängigkeit.

Arbeitsplätze für Einheimische zu schaffen. Mit nur 36 Einwohnern pro Quadratkilometer ist Korsika die am dünnsten besiedelte Region Frankreichs.

Lage und Geografie

Der Umriss der Insel in Form einer Faust mit ausgestrecktem Zeigefinger ist so typisch wie einprägsam. Korsika ist insgesamt 183 km lang und an der breitesten Stelle gerade mal 83 km breit. Dass Fahrten von einer Küste zur anderen mehrere Stunden dauern, liegt an den hoch aufragenden Bergmassiven im Inselinnern. Allein 50 Erhebungen der Insel sind über 2000 m hoch. Die höchsten Gipfel sind der Monte Cinto (2706 m) im Nordwesten und der Monte Rotondo im Zentrum der Insel (2622 m). Zwischen den Gipfeln liegen enge Täler und Schluchten, durch die zur Schneeschmelze reißende Bäche fließen. Schnee liegt in den Gipfelregionen oft bis in den Juni hinein. Während die Berge im Westen der Insel bis an die Küste heranreichen und enge Fjorde bilden, wird der Ostteil Korsikas von der breiten Schwemmlandebene Plaine Orientale geprägt. Im Norden ragt das Kap von Korsika aus grünlich-grauem Schiefergestein 40 km weit ins Meer, der Großteil der Insel besteht jedoch aus Graniten und Tiefengesteinen. Nur ganz im Süden erheben sich bei Bonifacio Kalkklippen fast senkrecht aus den Fluten. Von den über 1000 km Küstenlinie können gut 300 km als Badestrand genutzt werden. Im Süden trennen Korsika nur 11 km von der Nachbarinsel Sardinien, in Bastia und am Cap Corse kann man die 50 km entfernte Insel Elba am Horizont erkennen. Korsika ist nach Sizilien, Sardinien und Zypern die viertgrößte Mittelmeerinsel.

Politik und Verwaltung

Korsika gehört mit seinen Départements 2A (Ajaccio) und 2B (Bastia) zu Frankreich. Die Insel ist wie die französischen Überseegebiete eine Gebietskörperschaft mit Spezialstatut und hat eine gewählte Versammlung und Exekutivregierung mit Befugnissen in Kultur, Bildung, Wirtschaft, Sprache und Infrastruktur.

Sprache

Französisch dominiert Alltag und Medien auf der Insel, doch die Korsen sind stolz auf ihre eigene Sprache. Ortsschilder, Info-Blätter und Websites sind meist zweisprachig. Korsische Folk- und Popmusik zeugt von einer lebendigen Sprachkultur. Seit 1972 ist das Korsische als Regionalsprache anerkannt und wird in Schulen gefördert. Es gibt keine einheitliche Schriftsprache und die Dialekte der 100 000 Sprecher unterscheiden sich von Dorf zu Dorf. Das Nordkorsische ist mit dem toskanischen Italienisch verwandt, das Südkorsische weist Ähnlichkeiten mit dem nordsardischen Gallurese-Dialekt auf.

Wirtschaft

Die Landwirtschaft trägt nur einen geringen Teil zur Wirtschaftskraft der Insel bei, und nur südlich von Bastia hat sich nennenswerte Industrie angesiedelt. Korsika lebt fast ausschließlich von Dienstleistung und Tourismus. Über drei Millionen Touristen besuchen die Insel jährlich, vor allem Franzosen, Deutsche und Italiener.

Geschichte

10 000–6570 v. Chr.
Das älteste Zeugnis menschlichen Lebens auf Korsika ist die »Dame von Bonifacio«, deren Skelett im Süden der Insel gefunden wurde.

3500–1000 v. Chr.
Aus der Zeit der Megalithkultur stammen rätselhafte Menhire und Dolmen.

1500–800 v. Chr.
In der Bronzezeit erobert das Volk der Torreaner den Süden Korsikas und drängt die Megalithkulturen der Insel nach Norden.

Um 565 v. Chr.
Die Phöaker gründen Alalia (Aléria) an der Ostküste, unter Karthago wird Korsika zum wichtigen antiken Umschlagplatz im westlichen Mittelmeer.

259 v. Chr.
Rom belagert Aleria, die Eroberung der Insel dauert aber fast ein Jahrhundert. 227 v. Chr. werden Korsika und Sardinien zu einer Provinz zusammengefasst.

5.–11. Jh.
Nach dem Verfall Westroms erobern Vandalen und Ostgoten die Insel, nordafrikanische Piraten errichten zeitweilig Stützpunkte.

1133
Papst Innozenz belehnt den Nordosten Korsikas an Genua und den Süden und Westen der Insel an Pisa. Pisa dehnt seine Macht zunächst aus, 1284 schlägt Genua jedoch den Erzrivalen und herrscht danach über die ganze Insel.

1297
Papst Bonifazius gibt Korsika zusammen mit Sardinien dem katalanischen Haus Aragon zum Lehen, die Insel wird im Gegensatz zur Nachbarinsel nur von 1420–1434 kurzfristig katalanisch.

15. Jh.
Korsika fällt zurück an Genua, das die Insel zeitweilig an die Bank des Hl. Georg weiterverkauft. Steuern werden erhöht, in der Castagniccia werden großflächige Kastanienkulturen angelegt. Die Küste wird mit Wachtürmen vor Piratenübergriffen geschützt.

1553–1559
Mit Hilfe des korsischen Freiheitskämpfers Sampiero Corso wird die Insel kurzfristig französisch.

1729
Ein Aufstand gegen die hohe genuesische Besteuerung gipfelt in einem Unabhängigkeitskampf und der Gründung einer Volksversammlung.

1755

Der Nationalheld Pascal Paoli wird zum General der Nation proklamiert. Er erlässt Jahrzehnte vor der Französischen Revolution eine republikanische Verfassung, erklärt Corte zur Hauptstadt und gründet dort eine Universität.

1768

Genua tritt Korsika an Frankreich ab. Ein Jahr später schlagen die Franzosen General Paoli in Ponte Nuovo. Damit enden 14 Jahre selbst erklärte korsische Unabhängigkeit und Korsika wird endgültig französisch.

15.8.1769

Napoleon Bonaparte wird in dem erst seit wenigen Monaten französischen Ajaccio geboren.

1790–1796

Nach der Französischen Revolution kehrt Pascal Paoli aus dem Londoner Exil in seine Heimat zurück und beruft England zur Schutzmacht. Lord Nelson vertreibt die Franzosen kurzfristig aus Bastia, Saint-Florent und Calvi.

1811

Das jetzt französische Korsika wird unter Napoleon zu einem Département zusammengefasst, Ajaccio wird Hauptstadt.

1942

Korsika wird im Zweiten Weltkrieg von deutschen und italienischen Truppen besetzt, 1943 wird die Insel als erstes französisches Département befreit. Ein Jahr später rotten amerikanische Truppen die Malaria an der Ostküste aus.

1970

Korsika wird von der Région Provence-Alpes-Côte d'Azur abgetrennt und fünf Jahre später in zwei Départements aufgeteilt.

1976

Die korsische Befreiungsfront Front de Libération Nationale de la Corse (FLNC) verübt Bomben- und Mordanschläge, um die Unabhängigkeit der Insel zu erzwingen.

1991

Korsika wird Gebietskörperschaft mit Spezialstatut: Die Collectivité Territoriale de Corse hat nun eine gewählte Versammlung und Exekutivregierung.

2013

Die 100. Tour de France startet auf Korsika – zum ersten Mal in der Geschichte des Radrennens.

2014

Die Untergrundbewegung FLNC kündigt das Ende des bewaffneten Kampfs an. Ihr werden über 5000 Anschläge, meist auf Immobilien, und einige Morde zugeschrieben.

Reisepraktisches von A–Z

ANREISE

MIT AUTO UND FÄHRE (AUS D, A, CH)

Aus dem Westteil Deutschlands und der Schweiz empfiehlt sich eine Anfahrt über die Schweizer Alpen (Autobahn-Vignette) nach Savona oder Genua, von der Osthälfte Deutschlands und Österreich (Maut) eine Fahrt über den Brenner nach Livorno oder Genua. Die Fährüberfahrt ab Italien wird von den privaten Fährgesellschaften Corsica Ferries (www.corsica-ferries.de) und MOBY Lines (www.mobylines.de) angeboten. Die längere Fahrt über Frankreich (Nizza, Marseille, Toulon) lohnt nur in den Wintermonaten oder bei besonders günstigen Tarifen der allerdings streikanfälligen Fährgesellschaft SNCM (Société Nationale Corse Méditerranée, www.sncm.fr). Rechtzeitige Vorbuchung ist im Juli und August zu empfehlen.

MIT DEM FLUGZEUG

Korsika hat vier Flughäfen: Bastia, Ajaccio, Calvi und Figari (zwischen Porto-Vecchio und Bonifacio), die ganzjährig von Air Corsica und Air France angeflogen werden. Umsteigeverbindungen gibt es mit Air France ab Hamburg, Hannover, Berlin, Düsseldorf, Frankfurt, Stuttgart, München, Wien und Zürich, teilweise ist in Paris ein zeitraubender Flughafenwechsel notwenig (www.airfrance.de). Schneller und günstiger geht es von Südwestdeutschland und der Schweiz ab dem grenznahen Flughafen Strasbourg mit HOP! (www.hop.com) und Volotea (www.volotea.com). Das größte Billigflugangebot nach Korsika hat Germanwings ab Stuttgart, Köln/Bonn, Berlin und Hamburg. Airberlin fliegt von Düsseldorf nach Calvi und Lufthansa ab München und Frankfurt nach Bastia. Der britische Billigflieger easyJet fliegt hingegen von Basel/Freiburg nach Ajaccio. Rhomberg Reisen bietet Charterverbindungen und Nur-Flug-Tarife ab Österreich, Deutschland und der Schweiz nach Korsika an (www.rhomberg-reisen.com).

AUSKUNFT

IN DEUTSCHLAND, ÖSTERREICH UND DER SCHWEIZ

Atout France – Französische Zentrale für Tourismus
www.rendezvousenfrance.com

AUF KORSIKA

Agence du Tourisme de la Corse ▶ Klappe hinten, e 4
Boulevard du Roi Jérôme 17 • 20181 Ajaccio • www.visit-corsica.com/de

BUCHTIPPS

René Goscinny und Albert Uderzo: Asterix auf Korsika (Egmont Comic Collection, 2013) Grandioser Band aus der Asterix-Reihe mit witzigen und treffenden Seitenhieben auf die Korsen und ihre Mentalität

Jenny Hoch: Gebrauchsanweisung für Korsika (Piper Taschenbuch 2014) Schon als Kind reiste die Autorin regelmäßig in den Ferien nach Korsika und hat in über 30 Jahren Charakter, Kultur und die Natur der Insel der Schönheit kennengelernt. Präzise Analyse der korsischen Seele, locker verpackt!

Michael Kleeberg: Der König von Korsika (btb Verlag 2010) Spekulant,

Bittsteller, Geheimagent, Hochstapler, einziger König Korsikas und zuletzt Opfer der eigenen Selbstüberschätzung – der Deutsche Baron Theodor von Neuhoff hat die Korsen so lange hinters Licht geführt, bis sie ihn zu ihrem König erklärten. Amüsanter Roman über den Traum eines unabhängigen Korsika.
Michelin: Der Grüne Reiseführer: Korsika (Travel House Media, 2011) Der umfangreichste Korsika-Führer, deutsche Übersetzung des hervorragend recherchierten französischen Kultur-Reiseführers.

DIPLOMATISCHE VERTRETUNGEN

Es gibt keine ständigen deutschsprachigen Vertretungen (für D, A, CH) auf Korsika.

Deutsches Generalkonsulat
Avenue du Prado 338 • 13295 Marseille • Tel. 04 91 16 75 20 • www.marseille.diplo.de

Österreichisches Honorarkonsulat
Rue Bonaparte, 10 • 20000 Ajaccio • Tel. 04 95 27 02 98 • nur von Mai–Okt., im Winter ist die Österreichische Botschaft in Paris zuständig: Rue Fabert 6 • 75007 Paris • Tel. 01 40 63 30 63

Schweizer Generalkonsulat
Rue d'Arcole 7 • 13291 Marseille • 04 96 10 14 10 • www.eda.admin.ch/marseille

FEIERTAGE

1. Jan. Jour de l'An (Neujahr)
Lundi de Pâques (Ostermontag)
1. Mai Fête du travail (Tag der Arbeit)
8. Mai Fête de la Victoire (Kriegsende 1945)
Lundi de Pentecôte (Pfingstmontag)
14. Juli Fête Nationale de la France (Französischer Nationalfeiertag)
15. Aug. Assomption (Mariä Himmelfahrt)
1. Nov. Toussaint (Allerheiligen)
11. Nov. Armistice (Waffenstillstand von 1918)
25. Dez. Noël (Weihnachtsfeiertag)

FESTE UND EVENTS
MÄRZ/APRIL
Karfreitag
Die Kreistanz-Zeremonien Granitula gehen auf heidnische Traditionen zurück. Auf den Plätzen in Calvi, Corte und Erbalunga werden Wiederauferstehungszeremonien gefeiert. In Sartène trägt ein Auserwählter ein schweres Kreuz in der Catenacciu-Prozession durch die Altstadt.
Freitag vor Ostern

MAI
A Fiera di u Casgiu
Bei dem Bergfest in Venaco bei Corte dreht sich alles um korsischen Käse und um traditionelles Handwerk.
Anfang Mai • www.fromage-corse.org

JUNI
Saint-Erasme
Dem Schutzheiligen der Fischer wird mit einer Hafenprozession die Ehre erwiesen.
2. Juni • Ajaccio, Propriano, Bastia, Bonifacio

Calvi Jazz Festival
Jazz aller Stilrichtungen in Calvi
Mitte Juni • www.calvi-jazz-festival.com

JULI
Calvi on the Rocks
▶ S. 17

Fiera di l'Alivu
In Montegrosso in der Balagne kann man bei einer großen Feinschmeckermesse Olivenöl und mehr aus der Balagne probieren, am Abend gibt es Konzerte auf dem Dorfplatz.
Mitte Juli • www.foiresdecorse.com

Nuits de la Guitare
Gitarrenfestival in der kleinen Winzerstadt Patrimonio.
Mitte Juli • www.festival-guitare-patrimonio.com

Fête Nationale
Feuerwerke und Konzerte am Vorabend des Nationalfeiertags.
14. Juli • Bonifacio, Porto-Vecchio, Bastia, Ajaccio und Calvi

AUGUST
Geburtstag Napoleons
Die Kaiserstadt feiert ihren großen Sohn am Vorabend der Mariä Himmelfahrt mit einer Parade und einem großen Feuerwerk.
14./15. Aug. • Ajaccio

SEPTEMBER
Rencontres de Chants Polyphoniques
Stars der polyfonen Weltmusik kommen auf Einladung der Association U Svegliu Calvese nach Calvi.
Zweite Sept.-Woche • www.facebook.com/rencontrespolyphoniquescalvi

DEZEMBER
Fiera di a castagna
Im Winter schmeckt die Kastanie am besten, und im Rahmen des großen Kastanienfests in Bocognano werden noch andere korsische Spezialitäten präsentiert.
Anfang Dezember • www.fieradiacastagna.com

GELD
Geldautomaten gibt es in allen größeren Städten, beim Abheben fallen in der Regel Gebühren an. Zahlen mit Kreditkarte (»carte bancaire«) ist auch bei geringen Summen und in kleinen Geschäften üblich. Verbreitet sind Visa und MasterCard, weniger American Express und Diners.

KLEIDUNG
Neben leichter Sommerkleidung sollte man auf Korsika immer eine Jacke dabeihaben. Während es am Meer schon sommerlich warm sein kann, liegt in den Bergen oft noch Schnee. Vor allem im Hochgebirge kann das Wetter plötzlich umschlagen, eine Regenjacke ist sinnvoll. Festes Schuhwerk sollte immer dabeisein, auch Badeschuhe sind praktisch.

LINKS
www.visit-corsica.com
Website des korsischen Fremdenverkehrsamts mit Veranstaltungskalender und Broschüren zum Download.
www.paradisu.ch
Eine der ältesten und aktuellsten Webseiten zum Thema Korsika mit Informationen zu Regionen, Stränden, Flussbadestellen und Campingplätzen. Auch als Smartphone-App.
www.korsika.fr
Aktuelles Korsika-Reisemagazin mit Infos zu Anreise, Events und Kultur.
www.korsika-forum.info
Korsika-Community zu Kulturthemen sowie streitbaren Beiträgen zu Anreise, Sport und Unterkünften.

MEDIZINISCHE VERSORGUNG
KRANKENVERSICHERUNG
Die Vorlage einer Europäischen Krankenversicherungskarte (EHIC) ist ausreichend. Als zusätzlicher Ver-

sicherungsschutz empfiehlt sich eine Auslandskrankenversicherung, die Krankenrücktransporte abdeckt.

KRANKENHAUS

Krankenhäuser gibt es in Ajaccio, Bastia, Bonifacio, Sartène und Corte, außerdem mehrere Polikliniken. Erste Hilfe leistet das SAMU (Service d'assistance médicale d'urgence) unter der Notrufnummer 15.

APOTHEKEN

Apotheken gibt es in allen größeren Orten. Sie sind in der Regel Mo–Sa von 9–12 und 14–19 Uhr geöffnet. Die Namen der aktuellen Notfallapotheken (»Pharmacies de garde«) hängen an allen Apotheken aus und stehen auf www.ars.corse.sante.fr

NOTRUF

Über die europaweit einheitliche Nummer 112 kann man von allen Fest- und Mobilfunknetzen Krankenwagen, Polizei oder Feuerwehr rufen

NEBENKOSTEN

1 Tasse Kaffee . . . . 3–4 €
1 Glas Bier . . . . 3 €
1 Glas Cola . . . . 2,50–3 €
1 Baguette . . . . 1–1,50 €
1 Schachtel Zigaretten . . . . 6,60 €
1 Taxifahrt (pro km) . . . . 2 €
1 Liter Benzin . . . . ca. 1,55 €
Mietwagen/Tag . . . . ab 40 €

POST

Die Briefkästen in Frankreich sind gelb. Briefmarken sind in Tabakläden und bei der Post erhältlich. Ein Brief oder eine Postkarte nach Deutschland, Österreich und in die Schweiz kostet 0,95 €.

REISEDOKUMENTE

Deutsche, Österreicher und Schweizer können mit einem gültigen Reisepass oder Personalausweis (Identitätskarte) einreisen. Kinder benötigen ein Reisedokument mit Foto.

REISEKNIGGE

Alleinreisende Frauen: Frauen müssen sich auf Korsika in der Regel keine Sorgen machen. Wie überall ist jedoch ein gewisses Maß an Vorsicht angebracht.

Restaurant: In Lokalen kommt die Rechnung meist in einem Schälchen, in das man das Trinkgeld legt, nachdem Wechselgeld oder Kreditkarte zurückgebracht wurden. Aufrunden der Rechnung ist ebenso unüblich wie getrenntes Bezahlen. Wer kein teures Mineralwasser bestellen

Klima (Mittelwerte)	JAN	FEB	MÄR	APR	MAI	JUN	JUL	AUG	SEP	OKT	NOV	DEZ
Tagestemperatur	13	14	16	18	21	25	27	28	26	22	18	15
Nachttemperatur	3	4	5	7	10	14	16	16	15	11	7	4
Sonnenstunden	4	5	6	8	10	12	12	11	9	7	5	4
Regentage pro Monat	12	10	9	9	8	4	1	2	6	10	11	13
Wassertemperatur	13	13	13	14	16	20	22	23	22	20	17	15

möchte, kann ein »Pichet« bestellen, eine Karaffe mit Leitungswasser.

Trampen: Anhalter am Straßenrand sieht man auf der Insel überall: Backpacker, Wanderer, die ihren Bus verpasst haben oder Jugendliche, die nur ins nächste Dorf möchten. Dennoch sollte man bei dieser Form des Reisens stets Vorsicht walten lassen.

Wertsachen: In der Saison werden immer wieder Autos aufgebrochen. Deshalb nie Wertsachen oder Taschen sichtbar im Auto liegenlassen!

REISEZEIT

Mai, Juni, September und Oktober sind die besten Monate, um Bade- mit Wander- und Erlebnisurlaub zu verbinden, Juli und August sind vor allem Badesaison. Von November bis April sind kaum Touristen auf der Insel und die meisten Hotels und Restaurants sind geschlossen.

STROM

Die elektrische Spannung beträgt 220 Volt. Für Geräte mit Eurostecker benötigt man keinen Adapter und moderne deutsche/österreichische Schuko-Stecker passen in der Regel. Schweizer benötigen einen Adapter, den es in jedem Supermarkt gibt.

TELEFON

VORWAHLEN

D, A, CH ▸ Frankreich 0033
Frankreich ▸ D 0049
Frankreich ▸ A 0043
Frankreich ▸ CH 0041

Telefonkarten gibt es in Tabakläden und Postämtern, Telefonzellen sind aber mittlerweile selten. Das Mobilfunknetz ist nur an der Küste und in den Ballungszentren gut ausgebaut, in einsamen Berggegenden eher selten. Französische Prepaid-SIM-Karten (»pré-payés«) für das Smartphone sind sehr teuer und verfallen schnell. Fast alle Hotels, Fremdenverkehrsämter und Häfen bieten kostenlose WLAN-Hotspots.

TIERE

Haustiere benötigen zur Einreise einen Europäischen Impfpass und müssen per Tattoo oder Mikrochip genau identifizierbar sein.

VERKEHR

AUTO/MIETWAGEN/MOTORRAD

An Flughäfen und in großen Städten gibt es Mietwagen, Vorausbuchung von zu Hause aus ist empfehlenswert, z. B. bei sunnycars.de. Für Leihwagen ist eine auf den Fahrer ausgestellte Kreditkarte Pflicht. Gemietete PKW dürfen in der Regel nicht ausgeführt werden, auch nicht zum Ausflug ins nahe Sardinien. Motorrad- und Scooterverleih ab Ajaccio und Bastia bei www.ferien-in-korsika.com.

Das korsische Tankstellennetz ist gut ausgebaut, viele Zapfsäulen sind aber über den Nachmittag und am Sonntagabend geschlossen. Selbstbedienungszapfsäulen funktionieren oft nur mit Kreditkarte. Der Zustand der Straßen ist in der Regel sehr gut, Bergstraßen sind oft eng, vor Kurven deshalb besser hupen. Im Straßenverkehr ist defensives Fahren angeraten: Einheimische nehmen auf langsame Fahrer wenig Rücksicht. Für Wohnwagen und Camper sind viele Ortsdurchfahrten zu eng. Das Tempolimit beträgt auf wenigen Strecken 110 km/h, sonst 90 km/h, innerorts 50 km/h. Es gibt viele Blitzgeräte, vor allem auf den Nationalstraßen. Das Mitführen einer Sicherheitsweste, eines Warndreiecks sowie eines Alkoholtestgeräts (in Apotheken, Drogerien, Tankstellen erhältlich) ist verpflichtend. Fahrer und Beifahrer von Motorrädern müssen reflektierende Bekleidung tragen. Die Promillegrenze liegt in Frankreich bei 0,5 mg/ml. Routenplaner sind nicht immer zuverlässig, eine gute Straßenkarte ist deshalb unerlässlich.

FAHRRAD
▸ Sport und Strände, S. 27

ÖFFENTLICHE VERKEHRSMITTEL
Taxi
Taxis haben keine einheitliche Wagenfarbe. Sie sind an einem weißen Schild auf dem Dach zu erkennen.

Bahn
Die korsische Bahn verkehrt zwischen Ajaccio und Bastia, über den Umsteigepunkt Ponte Leccia ist sie auch an die Bahnlinie der Tramway de Balagne angeschlossen (▸ S. 93). Fahrpläne für die spektakulären Strecken auf www.train-corse.com

Busse
Die Busfahrpläne auf Korsika wechseln oft. Die Website www.corsicabus.org bietet einen Überblick über alle Linien, die oft nur ein bis zweimal täglich und häufig werktags angeboten werden. Nicht alle Haltestellen sind gekennzeichnet, deshalb am besten in einer zentralen Bar nach dem Haltepunkt (»arrêt de bus«) fragen. Fahrkarten gibt es beim Fahrer.

ZOLL
Deutsche und Österreicher dürfen Waren für den privaten Gebrauch abgabenfrei mit nach Hause nehmen. Richtmengen sollten jedoch nicht überschritten werden (z. B. 800 Zigaretten, 90 l Wein, 10 kg Kaffee). Reisende aus der Schweiz dürfen Waren für den privaten Gebrauch im Wert von 300 SFr abgabenfrei ausführen. Tabakwaren und Alkohol fallen nicht unter die Wertgrenze und bleiben in gewissen Mengen abgabenfrei (z. B. 200 Zigaretten oder 2 l Wein).

ENTFERNUNGEN (IN KM) ZWISCHEN WICHTIGEN ORTEN

	Ajaccio	Aléria	Bastia	Bonifacio	Calvi	Corte	Ersa	Porto	Porto-Vecchio	Sartène
Ajaccio	–	106	147	138	144	76	197	82	148	84
Aléria	106	–	71	116	132	48	121	136	88	135
Bastia	147	71	–	187	94	71	50	135	159	179
Bonifacio	138	116	187	–	232	164	237	220	28	54
Calvi	144	132	94	232	–	68	128	77	204	228
Corte	76	48	71	164	68	–	121	88	136	160
Ersa	197	121	50	237	128	121	–	185	209	229
Porto	82	136	135	220	77	88	185	–	222	166
Porto-Vecchio	148	88	159	28	204	136	209	222	–	64
Sartène	84	135	179	54	228	160	229	166	64	–

Orts- und Sachregister

Wird ein Begriff mehrfach aufgeführt, verweist die **halbfett** gedruckte Zahl auf die Hauptnennung. Abkürzungen: Hotel [H], Restaurant [R]

A casa di l'Orsu [R, Corte] 66
Acquarium de la Pouderie [Porto] 57
Aiguilles de Bavella [MERIAN TopTen] **108**
Ajaccio 48, **49**
Ajaccio und der Westen 48
Aléria **70**, 116
Algajola 29, **90**
Alignment de Renaju 111
Alta Rocca 44
Ancien Ermitage de La Trinité 42
Anreise 118
A Pasturella [H, Monticello] 95
A Pignata [Levie] 45
Araggio 43
Archäologie 110
Archipel des Sanguinaires [MERIAN TopTen, Ajaccio] 2, 7, **53**
Asco 66
A Spelunca di u Sechju [H, Speloncato] 101
Auberge de Ferayola [H, Filosorma] 92
Auberge de la Forêt [R, Calenzana] 93
Auberge l'Oasis du Lion [R, Col de Roccapina] 61
Auberge Relais La Signoria [H, Calvi] 86
Ausflüge 103
Auskunft 118
Auto 32, 118, 122

Badegumpen 31
Bahn 12, 32, 88, **93**, 123
Baie de Rondinara 28
Barcaggio 28
Bastelica 54
Bastia 18/19, **75**, 79, 106
Bastia und das Cap Corse 74
Belgodère 96
Bevölkerung 114
Bodri 26, **28**
Bonifacio [MERIAN TopTen] 6, 8, 36 **37**
Bonifacios Altstadt 36, **38**
Bootsausflüge 31, 32
Bouldern 27
Brasserie Piazza Porta [R, Sartène] 59
brocciu 23
Buchtipps 118
Busse 123

Cafe de la Marine [R, Porto-Vecchio] 47
Calanches [MERIAN TopTen, Piana] 10, 11, 29, 32, **55**, 57
Calenzana 91
Calvi [MERIAN TopTen] 7, 12, 13, 84, **85**
Calvi on the Rocks [MERIAN Tipp] **17**, 89, 119
Calvi und die Balagne 84
Campingplätze 21
Campo di Monte [R, MERIAN Tipp, Murato] **17**, 82, 83
Cantina Doria [R, Bonifacio] 41
Canyoning 27, 29
Cap Corse [MERIAN TopTen] 28, 74,75, 81, **106**
Capo Pertusato [MERIAN Tipp, Bonifacio] **14**, 38
Capo Rosso [MERIAN Tipp] 4, 11, **14**, 31
Cargèse 54
Casa Anna Lidia [H, Feliceto] 97
Casadelmar [H, Porto-Vecchio] 46
Casa Musicale [H, Pigna] 100
Cascade de l'Ucceluline 104
Cascade du Voile de la Mariée 55
Castagniccia 104
Castel d'Orcino [H, Cargèse] 54
Castellu di Cucuruzzu 45
Cathédrale Saint-Erasme [Cervione] 71
Centuri-Port 106
Cerbicale-Inseln 43
Cervione 71
Chapelle de la Trinité [Aregno] 96
Chapelle Impériale [Ajaccio] 51
Chapelle Saint-Erasme [Bonifacio] 40
Chemin de Ronde [Bonifacio] 40
Chez Laurent [R, Porto-Vecchio] 47
Chez Paul [R, Bastelica] 54
Chez Tao [R, Calvi] 88
Chez Vincent [R, Bastia] 79
Chiappa-Halbinsel 43
Citadelle [Ajaccio] 52
Citadelle [Calvi] 12, 85
Citadelle [Corte] 63
Citadelle – Terra Nova [Bastia] 75
Clos Antonini [R, Sant'Antonino] 100
Col de Bavella 102/103, **108**
Col de Serra 106
Col de Teghime 80
Corbara 97
Corte 62, **63**, 117
Corte und die Ostküste 62
Coscione [MERIAN Tipp] 14, **15**, 64
Couvent d'Orezza 104
Couvent Saint-François de Castifau 67

Défilé de Lancone 80
Der Süden rund um Bonifacio und Porto-Vecchio 36
Désert des Agriates [MERIAN TopTen] 27, 28, **80**
Diplomatische Vertretungen 119
Dolmen de Fontanaccia 111
Domaine de l'Ogliastru [H, Propriano] 60
Domaine de Murtoli [H, Vallée de l'Ortolo] 20, **59**
Domaine de Piscia [H, Bonifacio] 43

Église de l'Annonciation [Corte] **64**, 66
Église Sainte-Dominique [Bonifacio] 40
Église Sainte-Marie-Majeure [Bonifacio] 8, **38**
Église Sainte-Marie [Sartène] 58

Orts- und Sachregister

Église Saint-Jean Baptiste [Bastia] **76**, 78, 79
Église St-Jean-Baptiste [Calvi] 86
Einkaufen 24
Erbalunga 107
Escalier du Roi d'Aragon [Bonifacio] 8, 9, **39**, 40
Essen 22
Étang de Biguglia 81
Events 119
Evisa 55

Fähre 118
Fahrrad 27, 123
Familientipps 30
Feiertage 119
Feliceto 97
Ferme d'Urbino [R, Aléria] 71
Feste 17, 119
figatelli 23
Filitosa 110
Filosorma 92
Fisch 23
Flugzeug 118
Flussbadestellen 30, **31**
Folelli 105
Forêt de Bonifato 93
FRAC Corse [Corte] 64

Geld 120
Geografie 115
Geschichte 116
Ghisoni 67
Girolata 10, 49, 53, **57**
Golf 27
Gorges de la Restonica [MERIAN TopTen] 7, 27, **67**, 68
Gorges du Tavignano 67
GR 20 (Wanderweg) 29, 66, 91
Gran Cafe Napoleon [R, Ajaccio] 53
Grazie Mille [R, Bastia] 79

Hochplateau von Coscione [MERIAN Tipp] 14, **15**, 46
Hochseilgärten 31
Hotel Casa Murina [H, Propriano] 61
Hotel Cesario [H, Calvi] 88
Hotel Colomba [H, Bonifacio] 41
Hotel Colombo [H, Porto] 57
Hotel Demeure Castel Brando [H, Bastia] 78
Hôtel d'hôtes Palazzu Pigna [H, Pigna] 99

Hotel du Vignoble [H, Bastia] 79
Hotel Escale Coté Sud [H, L'Île-Rousse] 95
Hotel Genovese [H, Bonifacio] 40
Hotel La Caravelle [H, Calvi] 86
Hotel La Santa [H, L'Île-Rousse] 95
Hotel Le Saint Jean [H, Bastia] 79
Hotel Les Jardins de la Glacière [H, Gorges de la Restonica] 67
Hotel Le Subrini [H, Porto] 57
Hotel Le Tourisme [H, Zonza] 45
Hotel Marina [H, Porto-Vecchio] 46
Hotel Marinca & Spa [H, Olmeto] 60
Hotel Palazzu [H, Filosorma] 92
Hotel Pietracap [H, Bastia] 78
Hotel Revellata [H, Calvi] 87
Hôtel San Damianu [H, Sartène] 59
Hotel San Francescu [H, Moriani] 72
Hotel Si Mea [H, Corte] 66
Hotel Tettola [H, Saint-Florent] 83
Hotel U Capu Biancu [H, Bonifacio] 41

Îles Lavezzi 15, 31, **44**
Internet 120

Jardin Romieu [Bastia] 78

Kajak 27
Kitesurfen 29
Klettern 27
Kräuter 23
Kunsthandwerk 25

La Canonica 80
Lac de Nino 34/35
L'Acqua Viva [H, Calacuccia] 69
La Ferme de Campo di Monte [R, MERIAN Tipp, Murato] **17**, 82, 83
Lama 98
La Marinella [R, L'Île-Rousse] 96
Langlauf 28
La Porta 105

La Roya [H, Saint-Florent] 83
Lavasina 106
Lavezzi-Archipel 15, 31, **44**
La Vieille Cave [R, Algajola] 90
La Vieille Gare [R, L'Île-Rousse] 96
Le 20123 [R, Ajaccio] **52**, 53
Le Café de la Plage [R, Plage d'Arone] 11, **56**
L'Eden Port Club [R, Calvi] 89
Le Grilladin [R, Porto-Vecchio] 47
Le Jardin du Magnolia [R, Calvi] 13, 89
Le Paluda [R, Algajola] 90
Le Potager du Nebbio [H, Saint-Florent] 83
Le Rex Lounge Bar [R, Corte] 66
Le Roc E Fiori Hotel [H, Porto-Vecchio] 46
Les Calanches [MERIAN TopTen, Piana] 10, 11, 29, 32, **55**, 57
Les Eaux d'Orezza 104
Les Eucalyptus [H, Propriano] 61
Les Roches Rouges [H, Piana] 56
Les Roches Rouges [R, Piana] 11
Levie 44
L'hôtel Particulier [H, Ajaccio] 52
L'Île-Rousse 94
L'Ortu [R, Moriani-Plage] 72
L'Ospedale 108
Lozari 98, **99**

Macinaggio 106
Maison Bonaparte [Ajaccio] 51
Maora Beach [R, MERIAN Tipp, Plage de Maora] **15**, 41
Mariana Hotel [H, Calvi] 88
Markt von Ajaccio [MERIAN Tipp, Ajaccio] **15**, 24, 52
Medizinische Versorgung 120
Mercure Ajaccio [H, Ajaccio] 52
Mietwagen 122
Monte Cinto 66
Montée Rastello [Bonifacio] 40

Moriani-Plage 28, **72**, 104
Motorrad 122
Moulin Mattei 106
Musée ADECEC [Cervione] 72
Musée de Bastia [Bastia] 76
Musée de la Corse [Corte] 64
Musée de l'Alta Rocca [Levie] 44
Musée de Préhistoire Corse et d'Archéologie [Sartène] 59
Musée Jerome Carcopino [Aléria] 70
Musée Maison Natale de Pasquale Paoli [Morosaglia] 105

Napoleon Bonaparte 40, 49, 50, 51, 117
Napoleon-Geburtshaus [Ajaccio] 52
Nebbio 16, 75, 81, **82**
Nebenkosten 121
Niolo 68
Nonza 107
Notre-Dame-de-la Miséricorde [Ajaccio] 49
Notre-Dame de la Serra [Calvi] 13, **93**
Notruf 121

Occi [MERIAN Tipp] 16, **17**, 94, 95
Octopussy [R, Calvi] 89
Öle [MERIAN Tipp] **16**, 72
Olmeto 60

Palaggiu 111
Palais Fesch Musée des beaux Arts [Ajaccio] 50, **51**
Palais National [Corte] 66
Palombaggia 28, 32, 42, **43**
Parfüms [MERIAN Tipp] **16**, 72
Patrimonio 107
Piana und Les Calanches [MERIAN TopTen] 10, 11, 29, 32, **55**, 57
Piedicroce 104
Pigna [MERIAN TopTen] 99
Piscia di Gallo 108
Place d'Austerlitz [Ajaccio] 50
Place du Général-de-Gaulle [Ajaccio] 50
Place du Marche [Bonifacio] 8

Place Foch [Ajaccio] 51
Place Saint-Nicolas [Bastia] 76
Plage d'Aregno 11, **90**
Plage de Calvi 13, 85
Plage de l'Ostriconi 28
Plage de Lozari 98, **99**
Plage de Palombaggia 28, 32, 42, **43**
Politik 115
Porte de Gênes [Bonifacio] 40
Porticcio 56
Porto 10, **56**
Porto-Vecchio **46**, 108
Post 121
Pozzo di Mastri [R, Bonifacio] 41
Propriano 60
Punta di la Revellata 93

Radfahren 27, 123
Rafting 27
Ranch'O Plage [R, Porto-Vecchio] 47
Reisedokumente 121
Reiseknigge 121
Reisezeit 122
Reiten **32**, 33
Residence-Anlagen 21, **33**
Residence Campo Di Fiori [H, Calvi] 87
Residence Le Clos des Vendanges [H, Moriani-Plage] 72
Residence Les Hameaux de Capra Scorsa [H, Lozari] 99
Restaurant U Castille [Bonifacio] 9, 41
Rocca Serra [R, Bonifacio] 9, **41**
Rocher du Lion de Roccapina 61

Saint-Florent 81
Saint Spiridon (Cargèse) **54**, 55
Salon Napoléonien [Ajaccio] 52
Sanguinaires-Archipel [MERIAN TopTen] 2, 7, **53**
San-Michele de Murato 74, **83**
Santa Anna [Sartène] 58
Santa Giulia 43
Santa Maria Assunta, Cathédrale du Nebbio [Saint Florent] 82
Sant'Antonino 100
Santari 111
Sartène **57**, 110

Scala di Santa Régina 69
Schildkrötenpark A Cupulatta 32
Schmuck 25
Schutzhütten 21
Sites Archéologiques du Pianu di Livia 44
Skifahren 28
Solenzara 31, **73**, 109
Speloncato 100
Spin'A Cavallu 61
Sport 26
Sprache 115
Strände 2, 13, 26, **28**, 42, 43, 56, 85, 90, 98, 111
Strom 122
Surfen 29

Tauchen 28
Taxi 123
Telefon 122
Terra Vecchia [Bastia] 78
Tiere 122
Tizzano 111
Tour de Parata 54
Tour de Turghio [MERIAN Tipp, Piana] 11, **14**, 31
Touren 103
Tramway de Balagne [MERIAN TopTen] 12, 32, 88, **93**, 123
Trinken 22

Übernachten 19, 20
U Mulinu [R, Feliceto] 98
U Nichjaretu [R, Calvi] 89
Uomo di Cagna 47
U Palazzu Serenu [Oletta] 82
Urbino 71, 73
U Santa Marina [R, Santa Giulia] 43

Venaco 69
Verkehr 122
Villa Guidi [H, Propriano] 61
Vizzavona 70

Wandern **29**, 31, 68
Weinanbau 112
Weine 23
Weine aus dem Nebbio [MERIAN Tipp] **16**, 81
Weingüter 25
Wellenreiten 29
Windsurfen 29
Wirtschaft 115

Zoll 123

IHRE MEINUNG IST UNS WICHTIG!

Wir möchten mit unseren Reiseführern für Sie und Ihre Reise noch besser werden. Nehmen Sie sich deshalb bitte kurz Zeit, uns einige Fragen zu beantworten. Als Dankeschön für Ihre Mühe verlosen wir traumhafte Preise unter allen Teilnehmern.

1. PREIS
Eine zweiwöchige Fernreise für zwei Personen

2. PREIS
Wochenend-Trip in eine europäische Hauptstadt

3. PREIS
je einen von 100 Reiseführern Ihrer Wahl

Mitmachen auf www.reisefuehrer-studie.de

Oder QR-Code mit Tablet/Smartphone scannen

MERIAN
Die Lust am Reisen

Teilnahmebedingungen: Teilnahmeschluss 31.12.2015; teilnahmeberechtigt sind alle Personen, die das 18. Lebensjahr vollendet haben, mit Ausnahme der Mitarbeiter der TRAVEL HOUSE MEDIA GmbH und deren Angehörige. Der Rechtsweg ist ausgeschlossen. Der Gewinn ist nicht übertragbar und nicht gegen Bargeld einlösbar. Die Gewinner werden schriftlich benachrichtigt. Wir versichern Ihnen, dass Ihre Daten den Bestimmungen des Bundesdatenschutzgesetzes (BDSG) unterliegen und keinem Dritten zugänglich gemacht werden. Fotos v.l.: fotolia©Pakhnyushchyy; fotolia©elenaburn

IMPRESSUM

Liebe Leserinnen und Leser,
vielen Dank, dass Sie sich für einen Titel aus unserer Reihe MERIAN *live!* entschieden haben. Wir freuen uns, Ihre Meinung zu diesem Reiseführer zu erfahren. Bitte schreiben Sie uns an merian-live@travel-house-media.de, wenn Sie Berichtigungen und Ergänzungen haben – und natürlich auch, wenn Ihnen etwas ganz besonders gefällt.
Alle Angaben in diesem Reiseführer sind gewissenhaft geprüft. Preise, Öffnungszeiten usw. können sich aber schnell ändern. Für eventuelle Fehler übernimmt der Verlag keine Haftung.

© 2015 TRAVEL HOUSE MEDIA
GmbH, München
MERIAN ist eine eingetragene Marke der GANSKE VERLAGSGRUPPE.

1. Auflage

Alle Rechte vorbehalten. Nachdruck, auch auszugsweise, sowie die Verbreitung durch Film, Funk, Fernsehen und Internet, durch fotomechanische Wiedergabe, Tonträger und Datenverarbeitungssysteme jeglicher Art nur mit schriftlicher Genehmigung des Verlages.

BEI INTERESSE AN DIGITALEN DATEN AUS DER MERIAN-KARTOGRAPHIE:
kartographie@travel-house-media.de

BEI INTERESSE AN MASSGESCHNEI-DERTEN MERIAN-PRODUKTEN:
Tel. 0 89/4 50 00 99 12
veronica.reisenegger@travel-house-media.de

BEI INTERESSE AN ANZEIGEN:
KV Kommunalverlag GmbH & Co KG
Tel. 0 89/9 28 09 60
info@kommunal-verlag.de

TRAVEL HOUSE MEDIA
Postfach 86 03 66
81630 München
merian-live@travel-house-media.de
www.merian.de

VERLAGSLEITUNG
Dr. Malva Kemnitz
REDAKTION
Sylvia Hasselbach
LEKTORAT UND SATZ
Oliver Kiesow, Anja Linda Dicke
www.bintang-berlin.de
BILDREDAKTION
Tobias Schärtl
HERSTELLUNG
Gloria Schlayer, Bettina Häfele
REIHENGESTALTUNG
La Voilà, Marion Blomeyer & Alexandra Rusitschka, München und Leipzig (Coverkonzept, Ergänzungen Innenteil)
Independent Medien Design, Horst Moser, München (Innenteil)
KARTEN
Kunth Verlag GmbH & Co. KG
für MERIAN-Kartographie
DRUCK UND BINDUNG
Firmengruppe APPL, aprinta druck, Wemding

TRAVEL HOUSE MEDIA

Ein Unternehmen der
GANSKE VERLAGSGRUPPE

PEFC/04-32-0928

BILDNACHWEIS
Titelbild (Archipel des Sanguinaires), mauritius images: age
AWL Images: W. Bibikow 48 • Bildagentur Huber: M. Breitung 4, C. Cassaro 13, 15, 24, R. Gerth 18/19, Kaos02 79, R. Spila 111 • Corbis: G. Grüner/imageBROKER 107, F. Lukasseck/Masterfile 102/103, Sudres/photocuisine 22, M. Dozier 50 • Fotolia: fannyes 36, istintu 98, Massimo 29, Pixel & Création 42, 57 • gemeinfrei 117l • Getty Images: B. Winiker/Photolibrary 84 • imago: imageBROKER 109 • laif: Fautre/Le Figaro Magazine 14, H. Huber 30, Le Figaro Magazine 20, R. Mattes/hemis.fr 11, 74, C. Moirenc/hemis.fr 73, 112/113, B. Rieger/hemis.fr 101, 105, P. Royer/HOA-QUI 88, J. Sudres/hemis.fr 53, G. Westrich 17, 83 • look-foto: R. Harding 68, SagaPhoto 91 • mauritius images: Alamy 55, A. Campanile/Cuboimages 45, S. Stallmann 33, SuperStock 26 • Schapowalow: S. Frances/Onlyfrance/SIME 9, R. Palomba/Onlyfrance/SIME 2, 34/35 • Shutterstock: bensliman hassan 114, J. Ingall 16, 95, Ljupco Smokovski 117r, Malchev 116l, maudanros 116r, D. Michalek 62